강사스쿨

강의가
이렇게
쉬울
줄이야

강사스쿨, 강의가 이렇게 쉬울 줄이야
명강의, 명강사 실전 가이드

초판 1쇄 발행 2025년 7월 25일

지은이 신정민
펴낸이 장길수
펴낸곳 지식과감성#
출판등록 제2012-000081호

교정 정은솔
디자인 강샛별
편집 강샛별
검수 김지원, 정윤솔
마케팅 김윤길

주소 서울시 금천구 벚꽃로298 대륭포스트타워6차 1212호
전화 070-4651-3730~4
팩스 070-4325-7006
이메일 ksbookup@naver.com
홈페이지 www.knsbookup.com

ISBN 979-11-392-2704-8(03370)
값 16,700원

• 이 책의 판권은 지은이에게 있습니다.
• 이 책 내용의 전부 또는 일부를 재사용하려면 반드시 지은이의 서면 동의를 받아야 합니다.
• 잘못된 책은 구입하신 곳에서 바꾸어 드립니다.

지식과감성#
홈페이지 바로가기!

⊘ 목차

프롤로그   6

Part 1. 강의하기 전 - 이래야 강사다, 이래서 강사다

1. 강사를 마음먹은 이유   12
2. 그냥 강사, 잘하는 강사, 대체 불가능 강사   19
3. 기본이 가장 기본이다, 강사의 전문성   34
4. 나 지금 떨고 있니? 강사의 안정성   40
5. 기립박수를 받는 강의, 강사의 진정성   44

Part 2. 강의 만들기 - 따라 하면 완성되는 나만의 강의

1. 청중 분석과 니즈 파악을 위한 사전 질문지   56
2. 사전 질문지를 기반으로 강의 목표 정하기   66
3. 강의 뼈대 잡기, 강의 기획서 작성   69
4. 강의 ppt 구성하기와 뼈대에 살 붙이기   77
5. 눈에 꽂히게 보이기, ppt기술   85
6. 뇌에 꽂히게 말하기, 스토리텔링   88

Part 3. 강의하기 - 명강의 명강사, 야 너두!

1. 딱 봐도 강사, 누가 봐도 강사   94
2. 청중을 압도하는 빠져드는 목소리   97
3. 이 강의 들을까, 말까? '강사 소개'가 결정한다   104

4. 청중의 마음을 헤아리는 강사의 공감력 110
5. 청중의 마음을 움직이는 강사의 소통력 115
6. 강의를 끌고 가는 힘! 강사력 123
7. 다, 당황하셨어요? 이럴 땐 이렇게! 127
8. 최상위 단계 스킬, 유머 142
9. 기억에 남는 엔딩 멘트 145

Part 4. 강의 후 – 그 강사가 잘나가는 진짜 이유

1. 가장 비싼 백, 피드백 150
2. 나만의 앙코르 강연 159
3. '경험'은 '실력'이 있다, 선배 강사의 한마디 162

Part 5. 잘나가는 프리랜서 강사가 꼭 하는 습관

1. 두 발을 땅에 잘 딛고 서서 168
2. 빡센 하루하루, 쌓여 가는 실력 172
3. 결국은 마음 관리다 179
4. 나를 성장시키는 3가지 도구 184
5. 강사로 롱런하기 위해 반드시 지켜야 할 것 196

에필로그 198

#가장 기억에 남는 강의 202
#한눈에 보는 베테랑 강사의 강의 A to Z 206

프롤로그

"언니! 저 좀 살려 주세요!"

"살려 달라고? 뭔 일이야?"

"강의를 해 달라고 하는데 뭘 어떻게 해야 할지 도통 모르겠어요…. 챗GPT한테 물어봤는데 시작을 못 하겠어요. 뭐부터 해야 하는 건지 전혀 감이 안 와요…."

"아 난 또 뭐라구. 그런 거면 살려 줄 수 있지~ 근데, 강의 어떻게 해야 하나 챗GPT한테 물어봤다고? 요즘 애들 재밌네~"

앙금 플라워 떡케이크 숍을 운영하는 사촌 조카 세란이는 그날 이후 지지고 볶는 시간을 거쳐 어엿한 전문 강사가 되었다.

첫 강의를 하는 날, 너무 떨려서 심장이 입 밖으로 나올 것 같다며 청심환까지 챙겨 먹은 그녀는 약 두 시간 후 내게 찾아와 폭풍 눈물을 흘리며 오열했다.

"망했어요. 망했어. 엉엉. 완전 망했어요. 꺼이꺼이."

그렇게 한참을 울고 나서 코를 힘차게 풀더니 갑자기 막 웃기 시작했다.

"크하하하 근데 언니, 제가 들어도 제 목소리가 무슨 염소 우는 소리 같았어요. 푸하하하하!"

스무 개의 눈동자가 자기만 쳐다보고 있었고 그 순간 머릿속이 정말 새하얘지면서 아무것도 생각나지 않았다고 한다.

"뿌에엥~ 진짜 열심히 준비했는데…. 흑흑, 진짜 열심히 연습했는데…. 하나도 생각이 안 났어요. 으아앙."

너무 떨려서 개미만 한 목소리로 염소 우는 소리를 내며 준비한 ppt를 읽고 넘기고 읽고 넘기고. 한 시간 반이 어떻게 갔는지 기억이 없다고 했다. 기억 안 나고 싶겠지. 나도 그랬으니까. 그녀의 첫 강연은 그렇게 잊을 수 없는 추억을 만들어 주었다.

"언니! 지난 번 강의했던 거기서 특강을 한 번 더 해 달래요."
"진짜? 너한테 연락 온 거 맞… 는 거지?"
"그쵸? 왜지?"

그리고 두 번째 강연은 대성공이었다! 10회기 전문가 과정까지 진행하게 되면서 그녀는 전문 강사로 거듭났다. 지금은 다른 지역으로 출강을 나가면서 잠잘 시간이 부족하다며 그야말로 행복한 비명을 지르고 있다.

"언니, 저는 처음 사장님 되었을 때 '사장님~' 이 말이 참 좋았거든요. 근데 지금은 '강사님~' 이게 훨씬 더 좋아요. 물론 사장님도 좋구요. 그래서 우리 딸이 저 보고 '강사사장님~' 이렇게 불러요."
"강사사장님~ 왜 강사님이 더 좋은 거 같아?"
"모르겠어요. 그냥 뭔지 모르게 강의를 준비할 때나 강의할 때 제가 살아 있는 것 같아요. 제가 존재하고 있다는 게 느껴진다고 해야 하나? 암튼 되게 기분 좋은 그런 느낌이에요."

한 시간 반의 특강을 위해 나와 함께 지지고 볶으며 고군분투하던 시간이 생초짜 예비 강사였던 그녀를 전문 강사로 만들어 주었다. 만드는 게 좋아서 취미로 시작한 앙금 플라워가 전업이 되었고, 우연한 기회에 강의를 하게 되면서 지금은 강사의 삶도 살고 있는 그녀는 요즘 앙금 플라워보다 더 예쁜 한 송이 꽃 같다.

나는 10년이 넘는 시간 동안 강의를 하면서, 강의를 온몸으로 실전에서 부딪치며 나만의 스킬과 노하우를 익혀 가고 있다. 전 직원 기립박수를 받은 굉장히 성공적인 강연도 있었고, 지금까지도 꾸준히 사랑받는 스테디셀러 강의도 있다. 초보 강사 시절 폭망한 강의도 있다. 잠도 제대로 못 자면서 강의 교안을 만들고, 식사도 제때 하지 못하면서 강의장을 숨 가쁘게 오갔던 시간들이 내게 있다. 강의 섭외가 되지 않아 불안해하며 나름 힘겨운 시간을 보낸 적도 있다. 그 과정에서 강의 활동과 강사라는 직업에 대한 밝은 면과 어두운 면을 모두 경험했다. 스스로 이뤄 낸 성과와 예상치 못한 성공에 기쁨의 환호성을 지른 적도 있었고 뜻하지 않은 실패에 좌절감을 느낀 적도 있었다. 이 모든 과정을 통해 강의에 대한 나만의 노하우를 차근차근 쌓았다. 강의를 하고 싶어 하는 예비 강사, 그리고 조금 더 성장하고 싶은 초보 강사에게 선배 강사의 생생한 노하우를 전하고 싶다. 이 책을 통해 자신이 하고 싶은 강의를 준비하고, 자신만의 차별화된 강의를 할 수 있으며 더 큰 강사로 성장 발전하는 데 도움이 될 수 있도록 준비하였다.

책은 5 Part로 나누어진다. 강의하기 전, 강의 만들기, 강의하기, 강의한 후, 잘나가는 강사의 롱런 비결까지 강의의 모든 것을 담았다. 강의의 what, why, how to에 대한 내용을 누구나 쉽게 따라 하면서 강의를 만들고 강의를 할 수 있도록 순차적으로 구성하고 준비하였다. 예비 강사라면 그대로 따라 하기만 하면 2시간 특강은 거뜬히 만들 수 있을 것이다. 초보 새내기 강사라면 강의를 준비하고 강의를 하는 데 도움이 되는 실질적인 tip을 얻을 수 있을 것이다.

또한 나만의 이야기로 누군가에게 도움이 되고 싶은 분, 어렵고 힘들었던 그때 선한 누군가의 도움으로 어려움을 극복했고 나도 누군가에게 선한 영향력이 되어 드리고 싶은 분, 더 큰 강사로 성장 발전하고 싶은 분, 한 분야의 전문가로 강의를 하고 싶은데 아직 시작을 못 하고 계신 분들이 이 책을 통해 마음껏 자신의 역량을 펼칠 수 있기를 희망한다.

14년 차 강사로 강의를 하면서 이리 넘어지고 저리 부딪히며 여기저기 깨져 가면서 터득한 노하우들을 이 책에 담으려고 노력했다. 오늘도 자신만의 이야기로 멋지게 강의하는 자신의 모습을 꿈꾸는 사람들에게 든든한 선배 강사가 되어 주고 싶다. 처음 가는 초행길은 누구나 두렵고 걱정이 앞서기 마련이다. 하지만 내비게이션이 있다면 마음이 놓이고 걱정과 두려움 없이 엑셀을 밟을 수 있다. 강의도 마찬가지다. 누구나 처음은 쉽지 않다. 두렵기 때문이다. 그러나 첫발을 내딛으면 더 큰 세상이 펼쳐진다. 먼저 길을 찾아 헤매 본 선배 강사가 그 심정을 잘 알기에 당신의 가슴 뛰는 여정에 믿고 따라갈 수 있는 든든한 내비게이션이 되어 주고 싶다. 이 책을 알아봐 주시고 읽어 주시는 당신께 무한한 지지와 감사의 마음을 보낸다.

Part 1.
강의하기 전
이래야 강사다, 이래서 강사다

1. 강사를 마음먹은 이유

"걱정되고 떨려 죽겠는데 왜 하려는 거야? 안 하면 되잖아."

"네? 아 그게… 그러니까요…. 근데… 모르겠어요……. 그냥 하고 싶어요! 으… 떨려…! 아, 몰라, 그냥… 그냥 한번 해 보면 어떨까… 해서…."

"그냥은 없어~ 하고 싶은 이유가 뭔 거 같아?"

"이유… 요…? 그러게요…. 이유…? 이유가…… 이유가… 뭐지…?"

"돈을 더 벌고 싶다든가, 하고 있는 일을 알리고 싶다든가, 어릴 적 꿈이었다든가 뭐 그런 이유 있잖아. 떨리고 걱정이 앞서면서도 하려는 그 '이유' 말이야. 뭐가 자꾸 네 마음에 하라고 시키는 거 같아?"

"음… 모르겠어요…. 근데 하고 싶어요! 해 볼래요! 언니 있으니까 언니 믿고 한번 해 볼래요!"

그냥 한번 해 보고 싶어서라고 말하지만 그냥은 없다. 분명 이유가 있다. 마음속 그 이유를 아직 찾지 못했을 뿐이다. 대학교 원서 쓸 때 대부분 점수에 맞춰서 학교와 전공을 선택했다고는 하지만 내가 그 많은 대학 중에서 하필 그 대학을, 그 대학 중에서도 하필 그 전공을 선택한 데는 이유가 있다. 점수에 맞춰서 갈 수 있는 곳이 그 대학 그 전공만 있었던 것은 아니다. 선명하지는 않더라도 분명히 이유가 있었다.

세란이와 강의 준비를 하면서 넌지시 다시 한번 물었다.

"이유는 찾아 봤어?"

세란이는 노트북 위에 깍지 낀 손을 가만히 올려놓았다.

"이유가 있을 거야. 하고 싶은 이유. 해 보려는 이유."

"처음 앙금 플라워 배울 때 옆에서 누가 좀 가르쳐 줬음 좋겠다, 이런 생각 많이 했거든요. 저 가르쳐 준 사장님은 보면서 따라 하다 보면 금방 는다고 하는데 그게 말처럼 쉽지가 않았어요. 제가 손재주가 없는 것도 아닌데. 좀 쉽게 설명을 해 줬음 좋겠다는 생각을 참 많이 했던 것 같아요, 그때."

"그러니까 누군가에게 필요할 때 도움이 되고 싶다?"

"그쵸~"

"그게 다야?"

"네?"

"도움이 되는 것, 그게 다냐구?"

"음… 글쎄요… 우선은 잘 가르쳐 주고 싶어요. 앙금 플라워도 더 많이 알리고."

#진짜 이유, 리얼 와이(real why)

리얼 와이(real why)가 있다. 내가 진짜 하고 싶은 이유. 걱정되고 떨리면서도 하고 싶은 진짜 이유 말이다. 나는 진로 코칭 때 만난 행복한 9등 도균이와 불안한 1등 태우를 보면서 부모교육 강사가 되겠다고 마음먹었다. 도균이는 정말 행복한 아이였다. 아이스크림을 하나 먹어도 어쩜 그렇게 행복한 얼굴로 맛있게 먹는지, 보고 있으면 나도 아이스크림이 먹고 싶어지는, 아이스크림을 먹고 싶게 만드는 그런 아이였다. 늘 행복하고 늘 흥얼거리며 잘 웃는 생기 있는 아이였다. 행복한 9등 도균이가 부모님에게 가장 자주 그리고 많이 들었던 말은 '건강하고 친구들과 잘 지내고 네가 행복하면 된다'였다. '공부는 못해도 괜찮다. 나중에 네가 뭔가를 하려고 할 때 기본이 없어서 공부를 못하는 정도만 아니면 된다'는 말이었다.

반면 불안한 1등 태우가 부모님에게 가장 많이 들은 말은, '1등만 살아남을 수 있다, 네 인생에 2등은 없다'였다. 그래서였을까? 태우는 경시대회에서 1등을 하고도 불안한 얼굴로 틀린 문제가 있는 시험지는 감추고 부모님에게 보여 주지 않았다. 1등이냐 아니냐가 중요했던 부모님은 시험지가 한 장 없다는 것은 전혀 생각도 못 했을 것이다. 태우는 1등을 하고도 늘 불안해했다.

행복한 9등 도균이와 불안한 1등 태우를 보면서 부모의 영향력이 자녀에게 실로 엄청나다는 것을 다시금 느끼고 깨닫게 되었다. 그리고 부모교육을 해야겠다는 생각을 했다. 누군가를 탓하고 비난하며 질책하기보다는 내가 살고 싶은 세상, 내가 살고 싶은 사회의 변화의 중심이 되면 좋겠다는 생각을 했다. 부모가 행복하면 아이도 행복하고, 행복한 아이가 자라서 이 사회의 주인이 되었을 때 이 사회가 조금 더 살기 좋고 행복한 세상이 되지 않을까, 그런 세상이라면 돌봄을 받아야 할 사람이 소외되지 않고 보호받는 사회가 되지 않을까. 그런 세상에 산다면 삶이 편안하고 한결 여유로우며 많은 사람들이 정말 중요한 것에 집중할 수 있을 거라는 생각을 했다. 그리고 그 아이도 스스로 만족하는 삶을 사는 행복한 어른이 될 수 있지 않을까 그런 거창한 생각에까지 이르게 되었다.

그렇게 부모교육을 시작했고, 나는 나로 인해 긍정적으로 성장하는 사람들의 모습을 볼 때마다 느껴지는 뿌듯함이 그렇게 좋았다. 내가 살아 있음이 느껴졌고 나의 쓰임이 참 감사했다. 그래서 더 열심히 공부했다. 더 많이 공부해서 더 많이 알려 주고 싶었다. 그 사람이 잘되기를 바랐다. 그리고 나의 노력이 좋은 세상을 만들고 있는지도 모른다는 생각이 들었다. 삶의 큰 원동력이 되었다. 지식과 정보가 나를 통해 새롭게 재해석되어 누군가의 삶에 필요한 좋은 자원이 된다는 것이 기뻤다. 정말 필요한 도움을 주고 있다는 생각에 가슴 벅찰 때도 있었다. 우리는 왜 태어났는지는 모르지만 살아가야 하는 존재이다. 그 살아감의 여정에서 보람과 뿌듯함 기쁨과 설렘을 느낀다면 언젠가 내가 태어난 분명한 이유도 알 수 있게 되지 않을까 한다. 나는 이유가 있었기에 이 세상에 태어났다고 생각한다. 분명 나의 쓰임이 있을 거라 생각한다. 세상에 그냥 태어난 사람은 없다.

강의를 하는 사람은 배워서 남 주는 사람이다. 강의가 돈이 된다고? 그건 잘나가는 몇몇의 강사 얘기다. 그리고 어느 정도 수입이 되려면 배고픈 시간이 지나야 한다. 소위 말하는 몸값이 올라야 된다. 몸값은 내가 올린다고 올려지는 게 아니다. 경험상 몸값은 남이 올려 주는 거다. 늘 열심히 공부했다면 몸값은 어느 순간 저절로 올라가 있을 것이다. 공부하지 않으면? 몸값은 내려가는 게 아니라 값이 아예 없어진다. 아무도 안 불러 준다는 뜻이다. 강의장은 당신의 가치를 평가받는 곳이다. 당신의 가치는 청중의 평가에 따라 결정된다. 강사 시장이 어떻게 보일지 모르지만 참으로 냉혹하고 무서운 곳이다. 성장, 발전하지 않는 강사는 섭외되지 않는다. 강사는 늘 공부하고 배워야 한다. 그런 이유에서 강사는 배우는 즐거움을 아는 사람이어야 한다. 공부를 잘하고 못하고를 떠나서 배우는 것에 관심 있고 알아 가는 데 즐거움을 느낄 수 있어야 한다. 배움에 관심과 즐거움이 있어야 하는 직업이다. 그리고 배운 것을 기꺼이 아낌없이 나눌 수 있어야 한다. 나의 나눔으로 상대가 성장, 발전했을 때 기쁨과 뿌듯함을 느끼는 사람이 강사다. 다시 말해, 강사는 말과 행동으로 다른 사람의 '삶'에 영향을 끼치는 사람이다. 유명 강사의 한마디는 누군가의 삶을 바꿔 놓기도 한다. 강사라는 직업을 그냥 볼 게 아니다. 내가 강의를 하고 싶은 이유, 리얼 와이를 애써서 찾아봐야 한다.

#당신 안에 있는 리얼 와이(real why)

어떻게 하면 리얼 와이를 찾을 수 있을까? 리얼 와이는 당신이 알고 있다. 그리고 당신만이 안다. 당신의 마음속 이야기에 귀 기울여 보자. 내 마음이 어떤 이야기를 하는지, 무슨 말을 하려는지 잘 들어 보자. 앞으로 강사로서 많은 사람들 앞에 설 나와 내가 만나게 될 수많은 청중들을 위한 가장 중요한 일이다. 세상에서 가장 먹기 힘든 게 '마음먹기'다. 그렇게 먹기 힘든 마음을 먹은 이유가 분명히 있을 것이다. 지금이 바로 타이밍이다. 내 마음의 소리에 귀 기울일 타이밍. 살면서 이런 타이밍이 쉽게, 자주 오지 않는다. 무엇이 내 마음을 움직였는지, 어떻게 마음이 움직였는지 당신 마음에 물어보자. 당신 삶이 변하는 중요한 임계점의 순간일지 모른다. 어쩌면 당신은 지금 아주 중요한 터닝 포인트에 서 있는 건지도 모른다.

그래도 정말 모르겠다면, 리얼 와이를 찾지 못하겠다면, 일단 해라. 하다 보면 뿌듯함, 만족감, 기쁨, 감동이라는 이름으로 이유가 서서히 모습을 드러낼 것이다. 그리고 어느 날 당신만의 리얼 와이를 아주 간단하게 한 줄로 딱 얘기할 수 있는 순간이 당신 앞에 와 있을 거다. 당신이 강사로 존재해야 할 당신만의 리얼 와이는 무엇인가?

대학진학을 앞두고 전공을 선택할 때 내가 이 전공을 선택한 이유가 있다. 아무리 점수에 맞춰서 갔다고 해도 그 점수로 갈 수 있는 곳이 한 곳만 있었던 것은 아니다. 하필 내가 그 과를 선택한 이유가 분명 있다. 강의 의뢰가 들어와서 강의를 한다? 거절하면 그만이다. 그런데 걱정이 앞서면서도 해 보겠다고 한 이유가 있을 것이다. 그 이유는 자신만이 안다. 자신의 내면에서 마음이 하는 소리에 귀를 기울여 찾으면 된다.

나는 내가 만나는 사람들이 행복했으면 했다. 아이들이 행복하고 부모가 행복하고 그래서 가정이 행복했으면 했다. 우리는 행복을 위해 하루하루를 누구보다 열심히 살지만 그 안에 정작 행복은 없는 것 같다. 내일의 행복을 위해 오늘의 행복을 참고 또다시 내일로 미루며 살고 있다는 생각이 들었다. 그렇게 내일로 다음으로 미룬 행복, 언제가 되면 행복할 수 있는 걸까? 평생 해야 하는 일인데 이왕 할 거면 나도 행복하고 함께하는 사람도 행복한 그런 일을 하고 싶었다. 이런 이유에서 나는 강의가 하고 싶었다. 꼭 강사가 되고 싶었다. 그리고 지역의 작은 도서관과 대학교 평생교육원을 시작으로 재능 기부도 참 많이 했다. 나름 사명을 가지고 강의를 했다. 그게 무엇이든, 소소하거나, 작고 미약하지 모르나 내가 사람들에게 메시지를 전하고 싶은 분명한 이유가 있다. 이유를 찾아 보자.

뭔가를 하려면 이유, 동기가 중요하다. 그래야 제대로 해낼 수 있고 쉽게 지치거나 물러서지 않게 된다. 타협하지 않는다. 이유가 없으면, 동기가 분명하지 않으면 어려움, 난관에 부딪혔을 때 쉽게 물러서게 된다. 내가 하고 싶어서 선택한 일이지만 나를 힘겹게 할 때가 있다. 무슨 일이든 그건 마찬가지다. 힘겨움을 이겨 낼 '이유', 물러서지 않을 '이유'가 나를 굳건하게 만든다. 그러니 나를 움직인 리얼 와이(real why)를 찾아라. 그래야 내가 선택한 이 일을 굳건하면서도 즐거운 마음으로 행복하게 오래 걸어갈 수 있다.

2. 그냥 강사, 잘하는 강사, 대체 불가능 강사

"언니~! 저 언니 팬 됐어요! 팬! 언니 완전 멋져요~"

동그랗게 커진 눈은 나를 존경의 눈빛으로 쳐다보는 듯했다. 강의의 'ㄱ(기역)' 자도 모르는 생초짜는 강의를 어떻게 해야 할지 감도 안 온다며 불안과 기대가 함께 담긴 눈으로 나의 강의를 한번 보고 싶다고 했다. 그리고 그날 저녁 고모네 식구들과 식사를 하는데 세란이는 오늘 강의장에서 보고 들은 것을 흥분해서 침을 튀겨 가며 말했다.

"언니가 강의를 진짜 얼마나 잘하는지, 거기 있는 사람들이 다 언니만 보고 있고, 끝날 땐 사람들이 환호성에 박수를 엄청 치고, 끝나고 언니랑 사진 찍는 사람도 있었다니까요. 어쩜 말이 귀에 쏙쏙 들어오는지 정말 시간 가는 줄 몰랐어요~ 저 언니 팬 됐잖아요~ 오늘 언니 진짜 멋있었어요~"

생초보 예비 강사인 세란이 눈에 나는 엄청난 강사로 보였을 거다. 요즘은 강의를 들을 수 있는 곳도 많고, 강의를 하는 강사도 많다. 강의를 쇼핑하듯 골라서 듣는 시대이다. 그러다 보니 강사 시장도 만만치가 않다. 나름 치열한 강사의 세계에서 어떤 강사가 끝까지 살아남을까? 경쟁력 있는 강사, 선택되는 강사는 그야말로 수준이 다르다. 강사들이 가지고 있는 지식수준과는 별개로 전달하는 능력과 강의 기법에 따라 강사의 수준을 크게 3단계로 나눠 볼 수 있다. 나는 어떤 수준의 강사인가?

#1단계. 그냥 강사

'자녀와 함께 준비하는 AI' 육교 위에 걸린 현수막이 눈길을 끌었다. 요즘 뜨거운 이슈이기도 했고 AI를 모르면 나만 뒤처질 것 같아 들어야겠다는 생각이 강하게 들었다. 많은 사람들로 강의장이 꽉 채워졌고, 대다수가 4~50대로 보였다. 'AI란 무엇인가'로 시작된 강의는 'AI란 무엇인가'로 끝났다. 많은 기대감과는 달리 지루함이 컸다. 이미지 없이 글로만 구성된 ppt, 높낮이 변화 없는 일정한 톤의 목소리, 설명에 설명이 더해지는 긴 내용. 여기저기 하품하는 사람들이 보였다. 청중은 하나둘 핸드폰을 꺼내 들었다. 같은 강사로 앞에 있는 강사의 마음을 너무도 잘 알기에 강의에 집중하려고 애써 보았으나 천하장사도 못 이긴다는 무거운 눈꺼풀은 점점 더 내려갔다.

새로운 지식에 대한 정보를 전달하는 것은 필요하다. 그러나 지식과 정보 전달로만 구성된 강의는 아무리 흥미로운 주제라 할지라도 지루할 수밖에 없다. 'AI란 무엇인가?'를 강의했던 강사는 새로운 지식을 쉽게 풀어서 청중이 이해할 수 있도록 전달하는 능력은 있었지만 딱 거기까지였다. 왜 AI를 알아야 하는지, AI가 나에게 어떤 유익을 주는지, AI를 활용함으로써 미래의 나의 삶에 어떤 변화를 가져다줄지에 대한 내용은 없었다. AI 분야에서 나름 유명한 분을 규모 있는 연구소에서 초빙하여 진행된 강의였는데 청중의 반은 핸드폰을 하고 반은 졸다가 끝났다.

   지식이나 정보를 청중이 쉽게 이해할 수 있도록 설명하고, 전달하는 능력이 일반 사람들에 비해 조금 뛰어난 강사는 '그냥' 강사다. 정보를 '전달'하는 딜리버라고 할 수 있다. 그런데 강의를 통해서 지식과 정보만 전달받는다면 강의를 들어야 할까? 시간 내서 거기까지 찾아가서 굳이, 왜? 지식과 정보는 넘쳐 나는 세상이다. 스마트폰으로 검색만 하면 원하는 지식과 정보를 그 자리에서 바로 찾을 수 있다. 강사라는 직업을 가지고 있다면 스스로 평가해 봐야 한다. 나는 어떤 수준의 강사인지, 딜리버 수준에 머물러 있는 그냥 강사는 아닌지 말이다.

#2단계, 잘하는 강사

   유럽 여행 때 만난 두 명의 가이드가 떠오른다. 먼저 프랑스 가이드는 범상치 않은 옷으로 여행객들의 시선을 기선 제압 했다. 프랑스풍의 원피스와 화려한 모자, 등장과 함께 여행객들의 환호와 박수가 터져 나왔다. 프랑스어와 한국어를 번갈아 사용하며 인사를 하자 사람들의 기대감만큼 박수 소리가 커졌다. 기대를 한 몸에 받은 가이드는 프랑스의 역사를 설명하기 시작했다.
   "아, 왜 내가 프랑스 역사를 알아야 하냐고…. 남의 나라 역사를…."
   청중 분석이 되지 않은 주제 선택이라는 생각이 들었다. 여행객들에게 프랑스의 역사는 그리 흥미로운 주제가 아니다. 처음 등장할 때와는 달리 사람들이 관심을 보이지 않자 가이드는 자신이 프랑스에 오게 된 이유에 대해 얘기하기 시작했다. 가이드의 과거사부터 힘든 시간을 어떻게 극복했으며, 지금의 가이드를 하기까지 한 인간의 역사가 서사되었다. 청중 분석이 안 된 게 확실하군. 순간 나도 모르게 긴 하품이 나왔다. 앞쪽에 가이드와 연배가 비슷한 여자분 한 분만이 가이드의 얘기를 경청하고 있었다. 여행객들의 마음을 다시 사로잡기 위해 가이드는 프랑스 말을 알려 주기 시작했다. 한두 명 관심을 보이기는 했으나 기대가 너무 컸던 탓이었을까 반응이 냉랭했다. 그러자 가이드는 갑자기 프랑스 노래를 부르기 시작했다. 약간의 율동에 프랑스풍의 긴 원피스와 화려한 모자가 살짝살짝 나풀거렸다. 여행객들은 여전히 관심 없어 했으나 그럼에도 불구하고 가이드는 최선을 다해 끝까지 열창했다. 무관심한 사람들 앞에서 나름대로 열심히 애쓰던 가이드의 모습이 왠지 짠했다.

다 같이 저녁을 먹는 시간에 프랑스 가이드에 대한 얘기가 나왔다.
A: 나는 모자밖에 생각 안 나.
B: 난 목소리가 너무 커서 노래할 때는 귀 막고 있었어.
C: 난 푸아그라.
D: 푸아그라?
C: 프랑스 식당에서 일할 때 처음 먹어 본 게 푸아그라래. 달팽이 요리. 그때 프랑스 음식 검색하고 있었거든.
A: 그런 얘기를 했었어?

그리고 프랑스 가이드는 기억에서 잊혀졌다.

이탈리아 가이드는 확실히 달랐다. 지금도 이탈리아 가이드를 생각하면 웃음이 입술을 비집고 나온다. 왜인지 모르게 고학력일 것 같은 그의 외모는 들떠 있는 여행객들을 차분하게 만들었다. 그리고 프랑스 가이드 이후라 사람들은 가이드에 대한 기대가 별로 없어 보였다. 그런데 모범생 같은 외모에서 나오는 생각지 못한 유머가 대반전이었다. 진지한 얼굴로 뒤통수치는 유머를 구사하는 그의 능청스러움에 사람들을 그야말로 포복절도했다. 이탈리아에 10년 넘게 살고 있다는 가이드는 그 나라 유명한 곳들의 유래, 전통문화에 대한 설명은 물론 현지인이 아니면 절대 알 수 없는 우화, 역사적인 비밀을 특유의 유머를 섞어 가며 배꼽 잡게 했다. 전혀 웃길 것 같지 않은 모범생 외모와 생각지 못한 곳에서 터트리는 그만의 유머 코드가 여행의 즐거움을 최고조로 향하게 했다. 특히 이탈리아 가이드는 여행 온 사람들이 무엇을 궁금해할지, 어떤 마음인지를 정확히 꿰뚫고 있는 것 같았다. 그런 이유에서 그의 유머가 더 잘 통한 듯하다.

프라다 선글라스를 식당에 놓고 와 울상이 된 한 여행객을 가이드가 달래 주었다. 우리 누님이랑 너무 닮으셨다는 말과 함께 자신이 아끼는 것인데 기꺼이 드리겠다며 케이스를 하나 건넸다. 가이드가 건넨 케이스는 누가 봐도 프라다 선글라스였다! 놀란 눈으로 가이드를 쳐다보며 케이스를 열었는데 프라다 로고가 크게 써진 안경닦이가 고이 접혀 들어 있었다. 울상이던 여행객은 순간 푸핫 하고 웃음을 터트렸다. 내일 하나 더 가져다 드리겠다고, 내일은 구찌 거라며 여행객을 달래는 그의 센스 넘치는 유머! 선글라스를 잃어버린 여행객도, 함께하는 다른 여행객들도 모두 즐거움을 되찾았다. 상대의 마음을 이해하는 공감, 그리고 남은 여행을 즐겁게 보낼 수 있도록 센스와 유머를 장착한 그의 위로는 10점 만점에 10점이었다.

이탈리아 여행 마지막 날 모범생 가이드는 관광객들에게 상당히 두둑한 팁을 받았다. 이탈리아에 오래 살아 한국이 그립다는 가이드를 위해 한국에서 가져온 음식을 기꺼이 내어준 사람도 있었다. 그날 저녁 이탈리아 가이드에 대한 이야기가 맛있는 식사와 함께 즐겁게 회자되었다. 그리고 가이드의 유머는 여행객들 사이에서 마치 유행어처럼 쓰이기도 했다. 가이드 덕분에 이탈리아는 지금도 참 좋은 기억으로 남아 있다.

단순 정보만을 설명하던 프랑스 가이드를 그냥 강사 또는 딜리버 강사에 비유할 수 있겠다. 반면 정보 전달은 물론 자신만의 매력으로 다양한 사례를 들어 가며 즐거운 안내자 역할을 했던 이탈리아 가이드가 바로 '잘하는 강사'이다. 지식과 정보를 재미있게 가이드해 가이드 강사라고도 할 수 있다. 이 가이드 강사는 전달력은 물론, 자신만의 설명 방법을 가지고 청중을 이해시킨다. 강의 내용에 적합하고 적절한 사례로 충분한 이해와 배움의 즐거움까지 줄 수 있는 수준의 강사가 바로 가이드 강사이다. 가이드 강사의 수준이 높게 평가되는 가장 큰 이유는 청중의 니즈를 분명히 파악하고 효과적으로 전달하여 목표 달성에 도움을 주기 때문이다.

#3단계. 대체 불가능 강사

A: 그 남편 얘기, 우리 집 남자 얘기인 줄 알았잖아. 어쩜 그렇게 하나부터 열까지 우리 남편이랑 똑같니?
B: 아까 옆 사람 손잡으라고 하고, 그리고 뭐 하라고 한 거야?
C: 한 거 없어. 손잡으라고 한 거 까먹은 거 같던데.
D: 뭐 하는지 자기도 정리가 안 되는 거지. 강의를 많이 하니까 그냥 하면 되겠지 하고 온 거 같아. 준비 없이. 성의 없게.

 강의를 듣고 나오면서 청중들 사이에서 나누는 이야기를 들을 수 있었다. 지역 주민들을 위해 시(市)에서 소통으로 나름 이름 있는 유명한 강사를 섭외하였다. TV에도 자주 얼굴을 비췄고 공감 가는 사례와 자신만의 유머로 강의를 재미있게 끌고 나가는 강사였다. 그런데 강의를 듣고 나오는 청중들의 만족도는 반반인 듯싶었다. 사례로 들었던 남편의 얘기가 굉장히 공감이 되어 즐겁고 재미있었다는 청중과는 다르게 옆 사람과 손잡으라고 했다가 자신을 따라 하라고 했다가 조금 정신없었다고 한 청중도 있었다. 그런가 하면 강사 스스로가 정리가 안 된 것 같고 준비가 부족했다는 냉철한 시각의 청중도 있었다.

 쉽고 재미있는 강의는 즐거움을 주기는 하지만 듣고 나면 뭔가 남는 게 없는 것 같은 느낌을 주기도 한다. 왜 그럴까? 강의 목적의 핵심 중 하나인 '동기부여'가 빠졌기 때문이다. 강의가 재미있어 즐거움을 주기는 하지만, 마음을 움직이는 데까지 가닿지는 못한 것이다. 사람은 동기가 부여되어야, 즉 마음이 움직일 충분한 이유가 있어야 행동을 변화시킨다. 마음이 움직일 이유, 이유가 있어야 한다. 그것도 충분히 있어야 한다. 그래야 행동의 변화를 오랜 시간 지속할 수 있다. 그렇지 않으면 들을 때는 '음 그렇지' 고개를 끄덕이지만 시간이 지나면서 우리의 뇌가 그렇게 되어 있듯 자연스럽게 기억에서 지워진다.

온라인에 있는 몇몇의 듣고 잊히는 몇천 원짜리 강의로는 청중을 만족시킬 수 없다. 요즘 청중의 지식수준은 상당히 높다. 강의장에 앉아 있는 청중 중에는 내가 강의를 하고 있는 분야의 전문가가 있을 수도 있다. 강의를 업으로 삼겠다고 마음먹었다면 뭔가 달라야 한다. 그리고 그 뭔가는 시대를 반영하면서 시간이 흘러도 그 중요함의 경중이 크게 변하지 않는 것이어야 한다. 그것으로 나는 두 가지를 꼽고 싶다. 바로 '감정'과 '성숙'이다.

- **아빠랑 같이 살기 싫어요**

강의가 끝날 때쯤 두 손으로 얼굴을 가리고 '흑흑' 소리를 내며 울던 남편분의 모습이 지금도 가슴 찡하게 남아 있다. 제주도로 부모교육을 갔을 때의 일이다. 제주도로 강의를 가면 뭍에서 온 강사라고 좋아하신다. 이유는 모르겠지만 반가움이 더 크신 것 같다. 몇 년 전만 해도 부모교육에서 아빠들은 잘 볼 수가 없었다. 주말에 교육이 진행되어도 30명 중 한두 분 정도로 아빠들 참석률은 늘 저조하기만 했다. 일등으로 와서 맨 앞줄에 심각한 얼굴로 앉아 있던 한 부부가 있었다. 강의를 듣는 내내 부부의 얼굴은 심각하고 진지하기만 했다. 재미있는 얘기에 다른 청중들이 한참 웃을 때도 웃지 못하고 여전히 심각하기만 했던 부부였다. 부부는 뭔가 작정(?)을 하고 온 것 같았다.

"우리 집은 창문 닦는 걸레, 책상 닦는 걸레, 바닥 닦는 걸레가 따로 있어요."

아내가 조용히 말문을 열었다. 주말이면 아들 셋과 부부가 대청소를 하는데 먼지 한 톨 없이 깨끗해야 청소가 끝이 난다고 했다. 여느 날과 다를 것 없이 주말 청소를 시작하려는데 큰아이가 보이지 않았고, 그 후로 며칠 만에 경찰서에서 큰아이를 마주했다고 한다.

경찰서에서 아빠를 마주한 큰아이는 집에 돌아가지 않겠다고 했고 엄마의 호소와 설득에도 확고했다고 한다. 화가 치밀어 오른 아빠는 손이 먼저 올라갔고 경찰들의 만류에 겨우 진정되었다고 했다. 아빠와의 대화를 거부한 아들은 경찰 입회하에만 아빠와 얘기를 나누겠다고 했다. 이 모든 것이 황당하고 이해하기 어려운 것은 물론 화가 머리끝까지 치솟은 아빠는 경찰들의 설득으로 경찰 입회하에 큰아이와 얘기를 시작할 수 있었다. 큰아이는 그간 있었던 일들에 대한 자신의 심경을 담담하게 털어놓았다고 했다. 세상에서 제일 밉고 같이 살기 싫은 사람이 아빠라는 말에, 아빠는 깨끗한 집에서 먹고 싶은 것, 하고 싶은 것 뭐 하나 부족한 것 없이 다 해 줬는데 뭐가 불만이냐며 화를 냈다. 큰아이는 아빠와 함께 집으로 가는 것을 거부했고 결국 부모와 분리되어 시설에서 지내는 것으로 결론이 났다고 했다. 참담했다고 했다. 자신이 늦게까지 일하며 애썼던 모든 시간이 한순간에 무너지는 것 같다고 했다. 집으로 돌아와 둘째, 셋째 아이에게 너희들은 어땠냐고 물어보니 아무 말 못 하고 숨죽여 눈물만 흘리는 둘째와 화난 것 같은 아빠의 비위를 맞추고 기분을 풀어 주려 갖은 노력을 하는 막내. 그제야 뭔가 잘못되었구나 싶었다고 했다.

현관 입구 신발부터 집 안의 모든 것이 정리정돈되어 있어야 한다고 했다. 그렇지 않으면 온 가족 '집합'이었다. 아이들과 엄마는 '집합'에 걸리지 않기 위해 하루도 빼놓지 않고 아빠 퇴근 30분 전까지 쓸고 닦고 정리정돈을 해야만 했다. 신발이 삐뚤게 놓여 있거나 물컵이라도 나와 있는 날에는 밤늦은 시간까지 삼 형제는 얼차려를 받아야 했다. 모든 것이 군대식으로 돌아갔던 집은 온기는 사라진 지 오래고 차가운 냉기만이 가득했다. 무엇보다 이 모든 잘못은 큰아이에게 있는 것이었고, 큰아이의 잘못은 가정에서 교육을 제대로 하지 못한 아내에게 있는 것이었다. 아빠의 말을 거역할 사람은 감히 없는 집안 분위기에서 한창 사춘기를 보내고 있던 큰아이는 견디기 힘들었을 것이다.

"눈물을 흘리신 이유가 있을까요?" 강의를 들으며 눈물을 흘리신 이유를 조심스럽게 물어보았다. 어린 적 그토록 무서워했던 아빠의 모습을 자신이 그대로 닮아 있었다는 것을 알게 된 순간 아이들과 아내에게 너무도 미안했다고 했다. 어릴 적 아버지가 무서워 제대로 쳐다보지도 못했고 아버지가 때리면 울음소리도 내지 못하고 차려 자세로 맞던 자신의 모습이 지금의 아이들과 똑같이 닮아 있었다는 말을 하며 눈물을 쏟았다. 다 큰 남자 어른의 그런 슬픈 울음은 처음이었다.

"아버지가 늦은 밤 집에 오는 길에 실족으로 돌아가셨다는 말을 듣고 동생과 마당에 나와 춤을 췄어요. 어릴 때라 죽는 게 뭔지 몰랐지만, 이제는 더 이상 아버지가 집에 없다는 것이 너무나 기뻐서 동생과 신나서 춤을 췄었어요."

자신을 미워하고 거부하는 큰아이의 마음이 그때 자신의 마음과 같은 마음인 것 같다는 남편분의 말에는 많은 것이 담겨 있는 듯했다.

"강사님, 어떡해야 되나요? 어떻게 해야 될까요? 흑흑."

"답은 이미 알고 계십니다. 어릴 적 아버지가 나에게 이렇게 해 줬으면 좋겠다고 생각했던 그대로 아이를 대해 주세요. 그럼 됩니다. 그걸로 충분할 겁니다."

남편분은 뭔가 잠깐 떠오른 듯하더니 이내 다시 큰 울음을 쏟아냈다. 많은 것이 들어 있던 눈물이었으리라 생각된다. 깨달음과 후회, 그리고 아내와 아이들에 대한 미안함과 속상함 등.

"강사님~ 오늘도 강의 잘 들었습니다. 지금 생각해도 저의 모습이 참 기막히고 어이없고 부끄럽네요. 지금은 너무 행복합니다. 덕분입니다~" 얼마 전 유튜브 생중계 강의를 보고 오랜만에 연락을 해 오셨다.

참 기쁘고 뿌듯했다. 감히 한 가정을 살렸다고 말하고 싶다. 그리고 길지 않은 강의를 통해 스스로 알아차리고 깨닫고 변화를 약속하고, 변화하는 모습을 보여 주고 지금도 그 모습을 유지하고 있는 한 가정의 아버지에게 뜨거운 박수를 보내 드린다.

"제주도입니다~ 어제는 큰아이가 저를 마중 나와 있었어요. 회식이 길어져 시간이 늦어지니 제가 걱정되어 나왔다고 합니다. 하하, 이번 주말은 온 가족이 비행기 타고 서울에 갑니다. 둘째가 가고 싶어 했던 전시회에 갑니다. 강사님, 오늘도 행복하세요~ ^^"

'행복이 이런 건 거 같아요. 강사님도 행복하세요.' 이렇게 읽혔다.

우리는 TV나 영화를 보거나 누군가의 진솔한 이야기를 듣고 눈물을 흘릴 때가 있다. 누군가는 눈물 흘리는 것에 그치지 않고 마음에서 깨달음을 얻어 종전과는 전혀 다른 삶을 사는 경우도 있다. 분명 무언가가 그 사람의 마음에 가닿은 것이다. 그 무언가가 전혀 다른 삶, 새 삶을 살게 한 것이다. 스스로 변화된 행동을 약속하고 그 행동을 실천하면서 살아가는 힘은 어디에서 나온 걸까? 그것은 그 사람 내면에 있던 힘이다. 모든 사람은 자신의 내면에 해답을 가지고 있고 그 해답을 찾을 수 있도록 조력해 주는 그 무언가가 필요할 뿐이다. 강의를 통해 혹은 강사를 통해 감정적으로 좋은 자극을 받아 내면의 열쇠를 스스로 열 수 있게 된다면, 그래서 성장과 발전을 이뤄 조금 더 성숙한 삶을 살 수 있게 된다면 어떨까? 그걸 가능하게 하는 강사가 바로 대체 불가능 강사이다.

- 대체 불가능 강사의 '남다름'

　대체 불가능 강사는 강의를 통해 지식을 전달하는 것을 넘어 청중의 내면의 성장을 돕는다. 청중이 가지고 있는 해결해야 할 과제를 강의와 연결하여, 내면에 있던 해답을 스스로 찾아 꺼낼 수 있도록 통찰의 물꼬를 터 주는 강사가 바로 대체 불가능 강사이다. 강의를 통해 내면의 통찰력을 깨워 주는 강사, 청중 스스로 목표를 설정하고 그 목표를 효과적으로 달성하여 성장할 수 있도록 조력하는 강사이다. 대체 불가능 강사는 강의의 목적인 지식 전달, 동기부여, 변화라는 이 세 가지 요소를 모두 소화해 낸다. 청중을 쉽게 이해시키고 배움의 즐거움을 느끼게 하는 것은 물론, 강의를 통해 변화하고자 하는 마음을 먹게 한다. 세상에서 가장 먹기 힘든 게 '마음먹기'라고 하는데 그 마음을 먹게 한다. 청중의 사고와 행동에 긍정적인 변화를 유도하며, 교육을 통해 실질적인 성장을 촉진한다. 거기에 감동까지 곁들인다.

　대체 불가능 강사는 청중이 강의를 듣고 끝나는 데 머무르는 것이 아니라 마음이 움직여 스스로 동기가 부여되어 변화를 시도하고 성장, 발전할 수 있는 모티브를 제공하는 최고 수준의 강의력을 발휘하는 강사이다. '감정'과 '성숙' 두 가지 모두를 만족시킨다. 앞선 사례에서 남편분은 내면 깊은 곳에 있던 감정이 건드려지면서 큰 울림이 있었다. 스스로를 돌아보고 행동의 변화를 마음먹게 되었다. 그리고 아버지가 자신을 사랑했던 그 사랑은 감사히 받으면서, 사랑하는 방식은 받지 않았다. 아버지가 된 자신의 삶 속에서 다른 사랑의 방식을 스스로 선택했다. 가족을 사랑하는 방식을 바꾸었다. 이것은 결코 쉬운 일이 아니다. 많은 부모들이 이것을 깨닫지 못해 '나는 나중에 아빠처럼 절대 안 그래', '나는 엄마처럼 절대 그러지 않을 거야' 하던 그 모습 그대로 자신의 아이들을 대하고 있지 않은가.

  이유가 분명해야 한다. "명분이 없다 아입니까, 명분이." 영화의 대사처럼 변화해야 할 분명한 명분, 확실한 이유가 있어야 흔들리지 않고 지치지 않으면서 내 선택에 확신을 갖고 계속 앞으로 나아갈 수 있다. 누구나 더 나은 삶을 꿈꾼다. 그러나 모두가 다 더 나은 삶을 사는 것은 아니다. 이유를 찾을 수 있게 해 주는 게 필요하다. 쉽고 재미있으면서 깨달음과 감동까지 주는 강의라면 어떨까? 청중의 마음을 움직여 변화의 시작점을 만들어 준다면 어떨까? 그것이야말로 최고의 강의라 할 수 있지 않을까!

  대체 불가능 강사는 기존의 지식을 삶과 연결하여 인사이트를 주거나, 진한 감동을 전하는 스토리로 스스로를 돌아볼 수 있게 한다. 할 수 있을 것 같은 자신감과 희망으로 가슴 뛰게 할 때 청중은 변화를 다짐한다. 멈추지 않고 성장하고 발전할 '이유'를 강의를 통해서 찾은 것이다. 그리고 청중은 지금과는 다른 삶을 살게 될 것이다. 우연히 듣게 된 강의가 나의 삶을 내가 원하는 삶의 방향으로 갈 수 있게 해 주었다면 그 영향력은 실로 엄청나다고 할 수 있다. 한마디로 강의의 격이 다르다. 대체 불가능 강사는 강의에 대한 애정과 열정, 강의를 들을 청중에 대한 진심과 사랑, 강사로서 나름의 사명감을 가지고 강의를 한다. 그런 이유에서 강의를 만드는 데 많은 시간을 기꺼이 할애한다. 청중에게 맞게 강의 내용을 구성하고 내용에 적합한 사례를 찾아 메시지가 있는 강의를 만든다. 내가 하고 싶은 강의가 아닌, 청중을 위한, 청중이 듣고 싶어 하는, 청중에게 필요한 강의를 만든다. 무엇을 보고 접하더라도 그 시각과 생각은 늘 청중을 향해 있다. 그가 보고 듣는 주변 모든 것이 강의 소재이고 사례이다. 그의 시각과 생각이 완전히 '강사화'되어 있다고 하면 맞을 것이다. 일상의 단순한 사례도 강사 자신만의 탁월한 시각으로 인사이트로 연결 짓는다. 지식과 사례가 강사라는 도구를 통해 인사이트가 된다. 그런 이유에서 대체 불가능 강사는 가장 정확한 위치를 찾기 위해 끊임없이 흔들리는 지남철과 그 모습이 참으로 닮아 있다. 어쩌면 대체 불가능 강사가 하는 최고의 강의는 끊임없는 사색과 고뇌의 흔적이지 않을까 한다.

이제 막 걸음마를 시작한 세란이는 '그냥 강사'일 것이다. 강사의 시간이 축적되면 자연스럽게 '잘하는 강사'가 되어 있을 것이다. 이쯤 되면 강사를 계속할 것인지 좀 더 쉬운 길을 갈 것인지 기로에 서게 되기도 한다. 강사는 늘 공부하고 변화하는 트렌드를 읽어야 하는, 멈춰 있으면 안 되는 직업이기 때문이다. 힘들게 공부해서 남 잘되게 하는 직업, 그게 바로 강사다.

3. 기본이 가장 기본이다, 강사의 전문성

　명강사는 탄탄한 기본기에서 시작된다. 명강사로 가는 강사의 기본, 바로 전문성이다. 전문성을 갖추는 것은 강사에게 너무도 당연한 기본 중에 가장 기본이다.

#강사의 전문성은 1분 안에 결정된다

　사람은 누군가를 처음 만났을 때 상대방에게서 보여지거나 느껴지는 정보를 바탕으로 그 사람의 첫인상을 결정한다. 첫인상은 5초 안에 사람을 판단하게끔 하는 인상으로 이런 작용을 심리학에서는 초두효과라 한다. 초두효과(初頭效果, Primary effect)는 처음 제시된 정보 또는 인상이 나중에 제시된 정보보다 기억에 더 큰 영향을 끼치는 현상이다. 더 중요한 것은, 이런 초두효과가 맥락효과로 이어진다는 점이다.

　맥락효과란, 처음에 제시된 정보가 나중에 들어오는 정보를 해석하는 데 영향을 준다는 것을 의미한다. 초두효과에서 선한 인상을 심어 주었다면, 다음에 이어지는 맥락(정보) 또한 선할 것이라는 판단을 내리고 그 정보를 선하게 받아들인다.

　이 초두효과와 맥락효과는 강의에도 적용된다. 청중은 강사의 강의를 듣기 전 세 가지로 강사를 먼저 만나게 된다. 첫 번째는 강의장에 띄워 놓은 ppt이다. 강의장에 띄워 놓은 ppt 첫 장은 강의의 얼굴과도 같다. 청중의 눈에 꽂히면서 끌려야 한다. 앞서 언급했듯이 내용을 짐작할 수 있는 제목과 분위기의 슬라이드여야 함을 다시 한 번 기억하자.

두 번째는 강의를 준비하는 강사의 전체적인 모습과 태도이다. 뉴스가 시작되기 전 깔끔한 정장에 단정한 헤어스타일을 한 아나운서가 페이퍼를 넘기며 내용을 정리하는 모습을 볼 수 있다. 그 모습만으로도 전문성과 신뢰감이 느껴진다. 강사도 마찬가지다. 딱 봐도 강사다운 모습, 사전 세팅하는 모습, 담당자와 청중을 대하는 태도에서 전문성과 신뢰감이 느껴져야 한다.

마지막 세 번째는 강단에 올라 청중 앞에 서는 강사의 모습이다. 지나치게 겸손한 모습은 자신 없어 보인다. 지나치게 당당한 모습은 거만해 보인다. 지나치게 긴장한 모습은 준비가 덜 되어 보인다. 생기 있으면서 담담하지만 자신 있어 보이는 모습은 청중에게 '경험 많은 여유 있는 강사'로 보여진다. 준비를 많이 하면 자신감은 자연스럽게 생긴다. 그리고 이 자신감은 강사의 모습을 통해 청중에게 그대로 전달된다.

청중은 위의 세 가지를 보면서 강사의 전문성을 판단하고 강의를 들을지 말지를 속으로 결정한다. 강의 시작 첫 1분에서 강사의 전문성이 확보되었다면 이후 강의에서 강사가 조금 실수를 하더라도 강의에 별 영향을 주지 않는다. 초두효과에서 이미 전문성이 확보되었고 맥락효과로 이어지기 때문이다. 그만큼 강의의 첫 1분은 강의의 성패를 좌우하는 매우 중요한 시간이다. 강의 실력과는 별개로 겉으로 보이는 외모와 복장, 태도 등 시각적 이미지를 프로 강사답게 보이도록 신경 쓰고 노력한다면 강사로서 당신의 가치는 한층 더 높아질 것이다. 보여지는 모습에서 전문성을 반드시 확보하자.

#전문성의 핵심 에센스, 나만의 only one 콘텐츠

콘텐츠는 전문성을 가장 잘 드러내는 핵심 에센스다. 강사는 나만의 강의 콘텐츠가 반드시 있어야 한다. 그렇다면 나만의 강의 콘텐츠는 어떻게 만드는 것일까?

강사 섭외 요청 글 하단에 '○○센터, □□교육원 출신 강사는 섭외하지 않습니다'라고 써 있었다. 강사가 되기를 희망하는 수강생들에게 교육을 진행하고 강의 자료를 제공하여 강의를 할 수 있게 해주는 기관들이 많이 있다. 강사로 입문하기 위한 하나의 방법은 될 수 있지만, 타인으로부터 제공받은 자료로 강의를 하는 강사는 결코 오래가지 못한다. 그리고 강사에게 강의를 제공받은 기관에서도 머지않아 알게 된다. 강사와 그 강사를 교육한 곳의 실력을. 믿고 거르게 되는 것이다.

강사는 자신이 직접 만든 강의 자료가 아니면 강의를 하기가 쉽지 않다. ppt 한 장 한 장에는 만든 사람의 의도가 담긴 명확한 목표와 메시지가 들어 있다. 그것은 만든 사람만이 알 수 있다. 그런 이유에서 괜찮은 콘텐츠의 ppt가 내 손에 있다고 해서 강의를 할 수 있는 것은 아니다. 누군가의 ppt를 나름의 연구와 경험을 바탕으로 재해석해 낸다고 하면 그건 나만의 자료가 될 수 있다. 재해석하는 단계에서 ppt의 구성과 구조, 세부 이미지, 내용 등을 자신만의 스타일로 새롭게 가공했을 것이기 때문이다. 이렇게 기존의 자료를 재해석하고 가공하여 새로운 콘텐츠로 만들어 내는 것도 나만의 콘텐츠를 갖는 하나의 방법이 될 수 있다.

그러나 사람들은 안다. 청중도 교육 담당자도 알게 된다. 이 콘텐츠가 기존의 것인지, 누군가의 것이 가공된 것인지, 이 강사만의 유일한 것인지 말이다. 누구나 강사가 될 수 있지만, 누구나 강사로 성공할 수 있는 것은 아니다. 자신만의 콘텐츠를 가진 전문가만이 살아남는다. 단순히 정보를 전달하는 전달자로서의 강사는 롱런하기 어렵다. 정보는 이미 널려 있다. 청중이 원하는 것은 남다른 관심과, 오랜 경험에서 나오는 당신만의 그 무엇이지 정보나 지식이 아니다. 그 어디에서도 찾아볼 수 없는 당신만의 것이 아니라면 굳이 시간과 돈을 들일 이유가 없다.

나만의 콘텐츠는 이미 당신이 가지고 있다. 당신이 지금까지 가장 오래한 일 또는 가장 관심 갖고 있는 것, 가장 잘하는 것이 바로 당신만의 콘텐츠이다. 무엇을 나만의 콘텐츠로 할지는 당신이 제일 잘 안다. 그런 의미에서 강사는 살아 있는 생생한 콘텐츠이다. 그러니 자신이 무엇을 잘하는지, 지금까지 가장 오래 한 것은 무엇인지, 무엇에 남다른 관심을 갖고 있는지 자기 자신을 잘 탐색해 보기를 바란다. 당신 삶도 찬란하다. 황금 같은 콘텐츠가 당신 안에 숨어서 당신이 발굴해 주기를 기다리고 있다. 당신은 이미 콘텐츠다. 그런데도 콘텐츠가 없다고 말한다면 당신은 콘텐츠가 없는 게 아니라 강의할 마음이 없는 거다.

#강사의 언어 훈련

　강사는 언어, 말로 먹고사는 직업이다. 그러니 언어 훈련은 필수다. 강의를 들으러 왔는데 강사의 말이 무슨 말인지 모르겠다? 강사에게는 치명적이라 할 수 있다. 더 이상 말로 먹고살기 힘들 수 있다는 말이다.

　언어는 머릿속에만 있던 생각을 정확하게 표현하는 역할을 한다. 정리되지 않은 채로 뿌연 안개처럼 머릿속에서만 맴도는 생각을 쉽게 이해할 수 있는 언어로 표현해 낼 때 청중은 '내 말이 그 말이야!' 하는 속 시원함을, '내 마음속에 들어갔다 왔나?' 하는 깊은 공감을 하게 된다. 우리는 살아온 인생의 역사가 다르다. 같은 단어를 듣고도 생각하고 떠오르는 게 제각각이다. 즉, 언어의 차이로 인해 서로 이해하기 어려워지는 경우가 있다. 강사는 다양한 생각을 언어로 표현하는 꾸준한 노력을 통해 청중과의 소통을 강화할 수 있어야 한다.

　강사의 언어는 귀에 잘 들려야 한다. 어렵고 많은 내용을 쉽고 간단하게, 그러면서도 명료한 언어로 표현할 수 있어야 한다. 군더더기 없이 쌀끔하고 간단해야 한다. 간결하면서도 핵심을 담고 있어야 한다. 적절하고 적합한 단어 선택도 중요하다. 언어 훈련을 쉽게 할 수 있는 방법으로 '뉴스 보기'를 추천한다. 뉴스는 대중이 이해할 수 있는 언어로 쉽고, 명료하고, 간결하게 전달한다. 뉴스 기사를 찾아서 읽는 것도 언어 훈련에 많은 도움이 된다. 다양한 색깔의 생각을 접하고 이해하고 싶다면 다양한 분야의 책을 읽거나, 다양한 직업을 가진 사람들의 블로그에 올린 일상 글 읽기가 도움이 된다.

4. 나 지금 떨고 있니? 강사의 안정성

"누구 핸드폰 알람이 계속 울려요~"
"어머!! 죄송해요."
"강의 내내 알람이 울려서 신경 쓰였어요."
"그쵸? 저만 들린 거 아니죠?"

한 학부모님의 핸드폰 알람이 계속 울렸는데 정작 본인은 못 듣고, 주변에서는 강의 내내 신경이 쓰여 집중이 어려웠다고 한다. 알람 소리의 학부모님은 나와 다른 학부모님에게 연신 미안하다며 여러 번 사과를 했다. 그런데 사실 나는 40분 강의를 하는 동안 알람 소리를 전혀 듣지 못했다. 너무 긴장한 나머지 내가 해야 할 것에만 집중하느라 주변 환경이나 청중을 제대로 살피지 못했던 것이다. 몇몇 학부모님들의 표정이 이상했던 게 알람 소리 때문이었다. 그때 뭔가 문제가 있음을 알아차리고 조율한 후 강의를 진행했어야 했다. 그런데 강사가 긴장도가 높아 알아차리지 못했고 제대로 된 대처 없이 강의는 흘러갔으며 결국 청중은 강의에 집중하지 못했다. 아마 강사에 대한 신뢰도도 떨어졌을 것이다. 초보 강사 시절 내가 했던 실수다.

긴장하면 실수가 나오기 마련이다. 포인터를 반대로 눌러서 이전 화면을 나오게 하거나, 청중을 등지고 서 있거나, 준비한 강의 내용이 생각나지 않아 강의 내내 ppt에 의존하는 것, 말을 버벅거리는 것, '아, 음, 저, 그래서, 어' 등의 쓸데없는 어벽을 반복하는 것, 떨리거나 상기된 목소리, 의미 없는 움직임과 손동작. 초보 강사들이 긴장해서 흔하게 하는 실수들이다. 여기서 무서운 것은 이런 나의 실수를 나만 모르고, 청중은 앉아서 다 보고 있다는 것이다.

 중요한 건 긴장되고 실수가 있었더라도 다시 빠르게 안정감을 찾는 것이다. 이 또한 강사의 능력이다. 강의 초반 긴장하는 것은 괜찮지만 강의 내내 긴장된 모습이라면 청중은 강사에 대한 신뢰도가 떨어지면서 강사의 전문성을 의심하게 될 것이다. 대중 앞에 서는 강사라면 긴장될 때 스스로 조율할 수 있는 능력을 갖추고 있어야 한다. 빠르게 조율할 수 있는 가장 좋은 방법은 호흡을 가다듬는 것이다. 천천히 고르게 호흡을 하면 빨라졌던 심장 박동이 안정되면서 신체 리듬 또한 안정적으로 바뀌게 된다. 긴장감이 줄어들면서 청중이 제대로 눈에 들어오고, 지금 이 순간 무엇을 어떻게 해야 하는지 머릿속에서 정리가 된다.

 안정성이 확보되면 표정과 모습에서 편안함이 느껴진다. 목소리 또한 편안하게 유지되며 말의 속도도 일관된다. 강사를 보면서 청중 또한 편안함을 느끼게 된다. 강사의 정서가 에너지적 파장으로 청중에게 전달되기 때문이다.
 안정감을 확보하기 위해 첫째, 떨림과 긴장감을 알아차리고 둘째, 천천히 고르게 호흡을 가다듬자. 떨림과 긴장감이 사라지면서 이내 안정감이 느껴질 것이다. 이보다 더 좋은 방법은 강의를 시작하기 전 호흡을 가다듬어 긴장을 이완하고 편안한 상태로 청중 앞에 서는 것을 준비하는 것이다. 한층 안정되고 여유 있는 모습으로 준비한 내용을 청중에게 잘 전달할 수 있게 된다.

#효과 만점 거울 강의

　세란이는 염소처럼 떨리는 목소리가 정말 콤플렉스였다. 평소에는 말도 잘하고 목소리도 잘 내는데 긴장을 하면 여지없이 염소 우는 소리가 났다. 어떻게 저렇게까지 떨까 싶을 정도로 목소리만 들으면 세란이의 긴장도는 거의 100에 가까웠다.

　우선 세란이의 자세를 체크해 보니 어깨와 고개가 한쪽으로 살짝 치우쳐져 있었다. 앙금 플라워를 만들 때 편한 자세로 하다 보니 자세가 그대로 굳어진 것 같았다. 아니나 다를까 골반 쪽에 늘 옅은 통증이 있고 앉았다 일어날 때 무릎에서 뚝뚝 소리가 난다고 했다. 자세 교정이 시급했다.

　"벽에 똑바로 기대고 서 볼래? 최대한 바른 자세로."

　"어머, 언니, 이게 원래 이렇게 힘든 거예요?"

　세란이는 벽에 기대서는 것도 힘들어했다.

　"그 자세 그대로 유지하면서 대답해 봐. 뭐 때문에 긴장되는 것 같아?"

　"음… 여러 명이 저를 한꺼번에 쳐다보고 있는 게 좀 무섭다고 해야 하나? …떨려요. 심장이 요동치다 입 밖으로 나올 것 같아요."

　"강의 경험이 아직 많지 않으면 그럴 수 있어. 나도 초보 강사 때 엄청 떨었어. 거울 강의를 해 보자."

　초보 강사 시절 나도 꽤나 떨었다. 안 떨고 싶은데 그게 말처럼 쉽지가 않았다. 고민 끝에 나만의 방법을 찾았다. 일명 '거울 강의'. 전신 거울 앞에서 실제 강의하듯 진짜처럼 연습해 보는 거다. 거울 강의 효과는 정말 최고다! 강의하는 나의 모습을 적나라하게 볼 수 있기 때문이다. 그런 이유에서 처음에는 5분도 못 한다. 눈을 너무 자주 깜빡이는 모습, 한쪽으로 기울어진 고개와 어깨, 시간이 지나면 나도 모르게 짝다리를 짚고, 머리는 왜 그렇게 자주 만지는지…. 나도 모르던 나의 크고 작은 쓸데없는 습관들. 차마 눈을 뜨고 볼 수가 없다.

　강의하는 모습을 촬영하여 영상을 보면서 수정하는 것도 좋은 방법이지만 거울 강의를 해 보는 것을 적극 제안한다. 거울 강의는 첫째, 거울 속 자신의 모습을 바로 눈앞에서 확인할 수 있고, 둘째, 스스로 수정해야 할 부분이 체크가 되어, 셋째, 거부감 없이 스스로 바로 수정이 가능하며, 넷째, 수정된 자신의 모습을 바로 확인할 수 있어 성장의 속도가 매우 빠르다. 처음에는 거울 속 자신의 모습이 어색하고 낯설어 보기 힘들지만, 조금씩 익숙해지면 자세를 교정하고 제스처를 조금 더 세련되게 바꾸고, 표정과 눈빛을 신경 쓰게 된다. 강사 양성 과정에서 거울 강의 트레이닝을 받은 강사는 정말 무서운 속도로 성장했다. 그만큼 효과가 정말 크다. 자신의 강의하는 모습이 스스로 익숙해지면 긴장감도 낮아지고 많은 것이 자연스러워진다. 당신이 예비 강사이거나 초보 강사라면 '거울 강의'를 적극 제안한다.

5. 기립박수를 받는 강의, 강사의 진정성

#존중과 배려에서 나오는 진정성

  상대를 향한 존중과 배려는 인간 대 인간으로 마땅히 있어야 할 기본적인 관계의 신뢰 베이스라고 생각한다. 상대를 향한 신뢰 베이스가 있을 때 우리는 마음이 열리고 상대를 더욱더 존중하고 배려하게 된다. 이럴 때 우리는 서로에게서 진실된 마음, 진정성을 느낀다. 진성성은 있다, 없다로 판단하기는 어렵다. 하지만 진정성은 전해지고 느껴진다.

  노조위원회 강의를 갔을 때의 일이다. 강의장에 도착하자마자 교육 담당자가 나의 손을 꼭 잡으며 말했다.

  "반응이 별로 없는 분들이고 잘 웃지도 않으세요. 화난 건 아니니까 걱정하지 마시구요, 반응 없어도 상처받지 마세요, 강사님."

  강의장으로 들어가니 남성 노조위원 50여 분이 앉아 계셨고, 강사가 들어가자 그나마 몇 마디 오가던 말도 뚝 끊겼다.

  "안녕하세요, 다음 시간 강의할 강사입니다. 아직 시간이 남았는데 이렇게 모두 자리해 주셨네요. 제가 얼른 세팅하도록 하겠습니다."

  서둘러 세팅을 하는데 동영상 소리가 나지 않았다. 그러자 앉아 있던 한 분이 벌떡 일어나(너무 조용해서 일어나는 소리가 크게 들렸다) 밖으로 나가셨다. 세팅에 시간이 걸려서 화나신 건가 싶었는데 걱정도 잠시, 세팅을 도와줄 호텔 담당자와 함께 들어오셨다.

"제가 좀 헤매고 있었는데 너무 고맙습니다. 덕분에 빨리 세팅이 되었어요."

"아닙니다. 더 필요한 거 있으면 말씀하세요."

"이미 충분합니다. 고맙습니다."

분위기가 조금 말랑해졌다. 강의를 마치고 강의장을 나가는데,

"강사님, 강의 들으면서 우리 아들 생각났어요. 아, 미안하네…. 이거 어떻게 해야 돼요?"

"우리 와이프가 저한테 그렇게 한 게 저 때문이었네요."

"강사님 대화법 예시 들으면서 너무 찔렸어요. 내가 한 말이랑 똑같아."

한마디씩 해 주시면서 커피며 쿠키, 과일을 하나씩 건네주셨다.

"저희가 해마다 4차례씩 강의를 진행하는데 이런 적은 처음이에요. 강사님 뭘 어떻게 하신 거예요?"

교육 담당자가 놀란 눈으로 신기해했다.

"강의가 맘에 드셨나 보네요. ^^"

강사의 존중과 배려가 그분들의 마음(가슴)에 가닿은 것은 아니었을까 한다. 그리고 그 존중과 배려가 고맙게 느껴졌던 것 같다. 고마운 마음을 커피 한 잔, 쿠키 하나, 과일 하나에 담아 건네주신 건 아닐까 한다.

강사의 진정성은 있다, 없다로 판단하기는 어렵다. 그러나 청중의

반응에서 강사의 진정성을 알 수 있지 않을까 한다. 강사의 진정성은 청중에게 전하는 눈빛 하나, 손짓 하나, 말 한마디에서 고스란히 드러난다. 그리고 청중은 강사의 눈빛과 손짓, 전하는 말 한마디를 비롯한 전체적인 모습과 태도에서 강사의 진정성을 느낀다. 청중이 강사의 진정성을 느낄 때 비로소 강의는 청중의 마음에 가닿는다.

나의 강의를 들어 주시는 분들께 감사를 가득 담아 최선을 다하겠다는 마음으로 강의를 준비한다. 허락해 주신 귀한 시간에 보답하고자 하는 마음을 담는다. 그리고 청중 앞에 선다. 이런 마음만큼은 꼭 잊지 않으려고 노력한다.

외려 청중에게 존중과 배려를 받을 때가 있다. 앞에서 열심히 강의하는 강사가 민망하지 않게, 무안하지 않게 열심히 끄덕여 주시고, 호응해 주시고, 적극적으로 대답해 주시고, 따뜻한 눈빛을 보내 주시는 분들을 만날 때면 가슴 한편이 뭉클하면서 고마움과 감사함 그 이상을 느끼게 된다. 내가 뭐라고 이렇게까지 해 주시나 이루 말할 수 없는 고마움과 감사함이다. 그리고 더 좋은 강사가 되리라 다짐하게 된다. 진심이 담긴 존중과 배려는 바로 이런 것이다. 감동을 주고 마음을 움직여 더 좋은 사람으로 만들어 준다. 당신의 눈빛과 손짓, 마음과 태도에 존중과 배려를 담아 보라. 모든 일이 더 잘될 것이다.

#ppt에 담는 작은 배려

존중과 배려는 많은 곳에서 드러난다. 강사의 어투와 단어 선택, ppt의 글자 크기, 색깔에서도 존중과 배려가 드러난다. 강의 ppt를 만들 때는 ppt를 보는 청중을 고려하여 나만의 1-2-3 법칙을 고수한다.

---

* ppt 1-2-3 법칙

한 장의 ppt에는   1. 1개의 메시지
                2. 2개 이하의 이미지
                3. 3가지 이하의 컬러

---

ppt 한 장에 너무 많은 내용이 담기면 청중은 피곤하다. 이미지가 많으면 다른 생각이 클릭되고, 컬러가 많으면 눈이 쉽게 피로해진다. 작은 것일 수 있지만, 강의가 진행되는 내내 청중은 ppt를 바라봐야 한다. 청중의 입장이 헤아려진다면 배려해야 한다.

#말 한마디에 담은 존중과 배려

강사의 말 한마디에서도 존중과 배려가 드러난다.

> "아직 20분 남았으니까 조금 더 하고 마치겠습니다."

VS

> "많이 피곤하시지요? 한 시간 넘게 강의 듣고 계시는데
> 이거 쉬운 일 아닙니다.
> 또 오전에는 여러 가지 업무처리로 제대로 쉬지도 못하셨을 것 같아요.
> 제가 준비한 내용이 조금 남았는데 조금 더 해도 괜찮을까요?"

청중도 강의가 끝나려면 아직 시간이 더 남았다는 것을 알고 있다. 그런데 그 남은 시간을 즐거운 마음으로 앉아 있을지 억지로 앉아 있을지는 강사가 청중을 어떤 마음으로 대하느냐에 따라 큰 차이가 있다. 강사의 말과 표정에 담긴 진심 어린 마음과 '당신의 피곤함과 힘듦을 모르지 않습니다'의 헤아림이 청중의 마음을 열리게 한다. 어떤 어투로 어떤 단어를 선택해서 말하느냐에 따라 청중의 마음이 많이 달라진다.

#강사의 전문성과 안정성, 진정성이 모두 갖춰질 때 나오는 청중의 기립박수

기업 워크숍 특강 때의 일이다. 강의를 마치는 엔딩 멘트와 함께 직원분들의 환호와 기립박수가 터져 나왔다. 깜짝 놀랐고 조금은 어리둥절하기도 했다. 대표님도 매우 흡족해하셨고 교육 담당 팀장님은

으쓱해 하셨다. 강의장을 빠져나가는 내내 직원분들의 환호와 박수가 계속되었다. 강의 세팅을 도와주셨던 교육 담당 대리님은 음료와 다과를 종류별로 가득 채워 한 보따리 챙겨 주셨다. 엘리베이터 앞에서 명함을 달라고 하신 분이 몇 분이었던지. 서둘러 이동을 하려는데 교육 담당 팀장님에게 전화가 걸려 왔다.

"강사님 지금 어디 계세요?"

"네 팀장님, 지하 주차장입니다."

"그럼 제가 그쪽으로 갈게요. 잠깐만 기다려 주세요."

무슨 일일까? 약간 긴장되었다.

"대표님이 강사님 챙겨 드리라고, 차 어디 있으세요? 제가 실어 드릴게요."

직원분들 선물로 지역 특산물인 참외를 구입했는데 대표님이 오늘 수고해 준 강사님에게 선물로 드리라며 두 박스나 챙겨 주셨다고 했다. 좋은 강의에 보답하고 싶어 하는 대표님의 마음이 느껴져 참 감사했다.

"강사님 오늘 강의 정말 좋았습니다(양쪽 엄지척!). 조심히 가시고 또 연락드리겠습니다."

내가 무엇을 잘했을까? 무엇이 직원들의 환호와 기립박수를 이끌어 냈을까? 운전하며 이동하는 내내 곰곰이 생각해 보았다. 강의하는 내내 참 편안했다. 즐거웠고 에너지도 꽉 차 있었다. 어쩌면 이것이 다일 수 있겠다는 생각이 들었다. 강의하는 강사가 좋은 에너지로 꽉 차 있고 즐거운 마음으로 즐기면서 청중과 함께 호흡하고 소통하며 강의를 하는 것, 이것이 청중들의 눈에도 보이고 또 느껴졌던 것이다.

며칠 후 교육 담당 팀장님에게 강의 사진이 여러 장 담긴 메시지가 왔다.

'그날 강의가 너무 좋았다고 직원들 사이에서 지금도 회자되고 있습니다. 강사님을 보고 많이 배웠다는 말을 직원들이 제일 많이 합니다. 저도 그렇구요. 그날 알려 주신 실습도 열심히들 하네요. 직원들의 스트레스가 확 날아간 것 같아 기분이 너무 좋습니다! 다 강사님 덕분입니다!! 걱정했는데 좋은 강의해 주셔서 다시 한번 감사드립니다.'

이후 많은 곳에 소개를 해 주셨고, 감사하게도 몇 년째 강의가 이어지고 있다.

귀한 시간에 보답하고자 감사한 마음을 담아 열심히 준비한 나의 노력이 직원분들의 마음에 가닿은 것 같아 기분이 참 좋았다. 뿌듯함과 벅참, 고마움과 큰 감사함으로 가득했다. 강사의 노력이 담긴 전문성과 꾸준함이 담긴 안정성 그리고 존중과 배려를 담은 진정성이 충분히 전달된 강의였지 않았나 그저 짐작해 본다.

강사는 콘텐츠를 전달하는 사람이다. 그 콘텐츠를 청중에게 '어떻게' 전달할 것인가? 그것이 바로 강사의 능력일 것이다. 그리고 어떤 콘텐츠를 전달하건, 강사 자신이 가장 좋은 도구가 되면 그보다 더 좋은 강의는 없다고 생각한다. '강사님을 보고 많이 배웠습니다'라는 피드백은 나에게 최고의 찬사였다. 강사가 가장 좋은 도구이다.

Part 2.
강의 만들기
따라 하면 완성되는 나만의 강의

"언니~ 저 ppt 좀 봐 주세요."

ppt를 열어 보자 앙금 플라워에 대한 정보들로 가득했다.

"강의 의뢰받고 제일 먼저 한 게 뭐야?"

"스케줄표에 강의 날짜하고 시간 저장하고, 온라인에서 정보검색 해서 자료 찾고."

"그다음에는?"

"강의 ppt 만들었죠."

"강의 ppt 만드는 거 어땠던 거 같아?"

"정보랑 자료 많이 찾아서 ppt 만들면 되겠다 싶었는데 그게 생각만큼 잘 안되더라구요. 어디서부터 뭘 어떻게 해야 하나… 자료는 많은데 정리가 안 되고…. 좀 막막했다고 해야 하나…? 어려워요… 힝…. 자료는 많아요, 많이 찾아 놓았어요!"

"애썼네. 강의 들을 사람이 누구야?"

"어… 그냥 30명 정도…? 그보다 적을 수도 있고…."

"강의 목표는 뭘로 잡았어?"

"목표요? 어…. 음…. 생각 안 해 본 거 같아요…."

"그래서 막막했을 거야."

생초짜 강사 세란이는 특강 의뢰를 받고 제일 먼저 자료 수집을 했다. 그 많은 자료를 찾고도 강의 ppt 만들기가 막막하고 어려웠던 이유가 뭘까? '적을 알아야 백전백승'이다. 적을 모르니 전쟁을 준비할 수가 없었던 거다.

1. 청중 분석과 니즈 파악을 위한 사전 질문지

강의장에 도착하자 교육 담당자가 미안해하며 양해를 구해 왔다. 연수 시작 시간이 늦어지는 바람에 모든 강의가 약 한 시간가량 늦어졌다고 했다. 다행히 이 강의가 마지막 스케줄이어서 시간 여유가 있었다. 덕분에 내 앞 순서의 강의를 들을 수 있는 좋은 기회가 생겼다.

강사가 들어오고 강의가 시작되었다. 그런데 강사가 뭔지 모르게 이상해 보였다. 바닥을 보며 뭔가를 찾는 것 같기도 했고, 창밖을 내다보다가, 어느 순간에는 ppt를 보느라 아예 청중을 등지고 서 있었다. 강의는 중반부에 이르렀는데 강사의 행동은 여전히 이상했다. 바닥과 창밖과 ppt 화면만 봤다. 강의에 흥미를 잃은 청중들은 하나둘 핸드폰을 꺼내 들었다. 강사는 예정보다 20분 정도 일찍 강의를 마쳤고 도망치듯 강의장을 빠져나갔다. 강의장은 박수 소리 대신 하품소리와 기지개 켜는 소리만 들렸다.

"왜 다 여자분이라고 말씀 안 해 주셨어요?!"

강의를 마친 강사가 교육 담당자에게 하는 이야기를 듣고 그제야 이해가 됐다. 강사분이 남자였는데 청중이 모두 여자라는 사실을 모른 채 강의에 들어왔던 거다. 강의를 하려고 무대에 올랐는데 80명의 여자가 일제히 자신을 쳐다보자 어쩔 줄 몰라 바닥을 보고 창밖을 보고 ppt 화면만 봤던 거다. 그날 그 강사의 강의는 그야말로 폭망이었다.

#사전 질문지로 '파악'하고 '준비'하자

강의 의뢰가 들어오면 제일 먼저 해야 할 일은 바로 청중 분석과 니즈 파악이다. 교육 담당자는 강의를 의뢰하면서 최소한의 정보만을 전달한다. 물론 경험이 많은 담당자는 좋은 강의를 해 달라는 의미로 강사에게 많은 정보를 주기도 한다. 그러나 대부분의 경우 강사가 묻지 않으면 교육 담당자가 먼저 청중에 대한 정보를 주는 경우는 거의 없다. 날짜와 시간, 장소, 인원수, 주제 정도만 말해 주는 경우가 대부분이다. 교육 담당자가 간단한 정보만 제공해 주는 이유는, 담당자도 잘 모르기 때문이다. 강의를 준비할 때 강사가 필요로 하는 정보가 무엇인지 담당자도 잘 모른다. 그래서 강사가 교육 담당자에게 요청해야 한다.

강의 의뢰가 들어오면 교육 담당자에게 청중 분석과 니즈 파악을 위한 사전 질문을 한다. 강의 준비를 위해 궁금한 것이 있다고 하면 대부분의 담당자들은 기꺼이 시간을 할애해 준다. 사전 질문지를 보내 드릴지, 전화 통화로 물어볼지 담당자와 상의 후 진행하는데 담당자의 성향에 따라 조금씩 다른 것 같다. 통화를 하면서 질문하고 바로 답변을 듣는 경우도 있고, 메일로 사전 질문지를 보내고 답장을 받는 경우도 있다. 통화를 하면서 진행하는 경우, 메모를 해야 하는 번거로움이 있지만 시간을 아낄 수 있다는 장점이 있다. 메일로 진행하는 경우는 메일을 보내고, 담당자가 질문지를 작성하여 다시 메일을 보내기까지 다소 시간이 걸리지만 자료로 받아 볼 수 있어 활용에 용이하다는 장점이 있다.

☑ 교육 담당자에게 보내는 사전 질문지

	단체명 및 주제	○○건설/스트레스&커뮤니케이션
1	최종인원/연령대/성비/근속연수	
2	직급/주요 업무 내용	
3	교육을 계획한 배경, 이유	
4	최근 조직 내 변화, 조직원들이 겪고 있는 어려움, 스트레스 등	
5	교육에 바라는 점 (교육생의 기대 사항, 니즈 등)	
6	교육장 환경	
7	주의할 점 및 특이사항	

메일로 보내 달라고 하는 경우는 위의 사전 질문지를 보내 주고 답변을 기다리면 된다. 사전 질문지의 맨 윗줄 '단체명 및 주제'에는 조직의 이름과 간단한 주제를 적고, 파일명은 '○○건설 사전 질문지'로 사측의 이름을 넣는다. 아무리 바빠도 이정도의 성의는 기본이다. 그래야 모두에게 보내는 사전 질문지가 아닌 우리 조직만을 위한 질문지라고 생각한다. 경험 많은 담당자는 이름만 바꿔서 사용하고 있다는 것을 알고 있지만 사측의 이름이 써서 보내는 강사의 성의를 모르지 않는다. 사람은 사소한 것에 감동받고 더 사소한 것

에 마음이 열린다.

　때에 따라 담당자가 메일이나 문자 등 자료를 남기기 꺼려 하는 내용들이 있다. 외부로 나가면 안 되는 내용도 있다. 민감한 사안이 될 수 있는 부분은 통화할 때 조심스럽게 살짝 물어보고 강의 준비에 참고만 한다. 이때도 강사 개인의 호기심을 해소하기 위함이 아닌, 강의 준비를 위함임을 강조해야 한다.

> 〈메일로 사전 질문지를 보낼 경우 메일 내용〉
> 만족도 높은 강의를 위하여 사전 질문지를 보내 드립니다.
> 답변은 강의 준비에 많은 도움이 됩니다.
> 답변이 어려운 부분은 공란으로 두셔도 좋습니다.

　'만족도 높은 강의'라는 말을 하면 담당자가 조금 더 적극적으로 답변을 해 준다. 많은 경우 강사 섭외와 높은 만족도는 담당자의 능력으로 여겨지기 때문이다.

　통화로 하기를 원하는 경우 질문지의 내용을 물어보며 빈칸을 채워 나가면 된다. 통화로 질문을 하다 보면 담당자가 답변 주기 어려워하는 경우도 있다. 회사 내부 사정 등을 고려하여 답변을 어려워하는 경우도 있고, 정말 몰라서 답을 못하는 경우도 있다. 이럴 경우는 고맙게도 담당자가 교육생들에게 물어보고 답변 주겠다고 해 준다. 교육 담당자가 강사의 전문성을 느끼게 되는 것은 덤이다. 강의

Part 2. 강의 만들기　59

를 통해 만나기 전 강사에 대한 긍정적인 기억을 남길 수도 있다.

  그리고 꼭 하는 질문이 있다. 이 질문은 담당자가 대답하기 조심스러워하는 부분일 수 있으므로 가급적 통화로 하는 편이다. 조직 내 갈등이 일어날 수 있는 상황, 예를 들면 인사이동 및 시스템 변경 등 조직원들이 긍정적으로 받아들이지 않는 변화에 대한 내용은 꼭 물어본다. 윗분들이 바라는(원하는) 방향 또한 꼭 하는 질문이다. 그냥 넘기기에는 그분들의 파워가 크다. 강의가 없던 일이 될 수도 있다.

  간혹 사전 질문지를 '일'로 여기는 담당자들이 있지만 대부분의 경우 강사의 요청에 기꺼이 응해 준다. 사전 질문지는 청중 분석과 니즈 파악을 위함이다. 교육 담당자를 통해 들을 정보는 그 조직의 조직원이 아니면 알 수 없는 주옥같은 정보다. 사소한 것일지라도 구체적으로 기록해 놓으면 강의 준비에 큰 도움이 된다.

  교육 담당자를 통해 정보를 얻었다면 이제는 해당 직군과 직무에 대한 이해가 필요하다. 어떤 일을 하는지, 직급 체계는 어떤지, 어떤 어려움과 스트레스가 있는지 등 사전 질문지에서 질문했던 내용을 바탕으로 책이나 온라인을 통해 다양한 정보와 자료를 찾아본다. 요즘은 온라인 직장인 커뮤니티가 많아 생생한 실사례를 비교적 쉽게 접할 수 있다. 그런데 내가 전혀 모르는 분야이거나 정보와 자료가 부족하다면 어떻게 해야 할까? 그럴 땐 '인터뷰'가 정답이다.

#청중 분석 – 사전 인터뷰

- 제약회사

　제약회사에서 강의 섭외가 들어왔다. 주제는 영업직원을 위한 스트레스 관리. 제약회사 영업직에 대해 온라인에 찾아보았으나 정보도 적었고 강의에 사용할 적당한 에피소드를 찾기가 어려웠다. 그때 지인의 남동생이 제약회사에 다닌다고 했던 게 번뜩 생각났다. 지인의 남동생은 영업직 후배를 소개해 줬고, 인터뷰를 통해 제약회사 영업직원들의 누구에게도 말 못 할 에피소드와 소소한 감정까지 들을 수 있었다. 수확이 매우 컸다.

　강의는 대성공이었다! 강의 내내 직원들은 빵빵 터졌고, 자신들의 이야기를 어떻게 저렇게 세세하게 잘 알고 있지 싶은 신기한 표정이었다. 강의를 마치고 대표님께 거한 식사 대접을 받았다. 식사를 하며 직원분들이 많은 이야기를 들려주셨다. 강의 듣는 내내 자기 얘기 같아서 정말 많은 공감을 했고 그때가 떠올라 웃기도 했고 잠시 코끝이 찡하기도 했다고. 강의를 통해 공감을 받고 마음이 열린 듯 보였다. 식사를 마치고 나오면서 대표님께 생각지 못한 보너스를 받았다. 강의를 하면서 보너스를 받은 건 처음이었다. 강의가 상당히 마음에 드셨나 보다. 그리고 담당 과장님과 대리님이 회사 기념품이라며 이것저것 챙겨 주셨는데 그 양이 어찌나 많은지 차 트렁크 한 가득이었다. 그중 제약회사 로고와 이름이 적혀 있는 칫솔세트를 다른 강의에서 퀴즈 선물로 드렸는데 엄청 좋아하셨다. 인터뷰 덕을 톡톡히 본 강의였다.

그렇다면 내가 전혀 모르는 분야이거나 정보와 자료가 부족한데 아는 지인도 없을 때는 어떻게 해야 할까? 그럴 땐 교육 담당자에게 인터뷰 자리를 만들어 달라고 요청하면 된다. 지금까지 거절한 담당자는 단 한 명도 없었고, 오히려 강사의 자질을 높이 평가하는 듯했다.

- 중학교 MZ 교사

중학교에서 교사 대상 강의 요청이 들어왔다. 신임 교사들이 많고 20년 이상 된 교사분들도 3분의 1정도 계시다고 했다. 무엇보다 신규 교사분들이 아이들과의 관계, 학부모와의 관계, 동료 교사와의 관계에서 어려움이 있어서 강의를 요청한다고 담당 선생님은 조심스럽다며 말을 꺼내셨다. 사실 신규 교사 대상 강의는 경험이 많지 않을 때라 담당 선생님이 어렵게 이야기를 꺼낼 때 조금 부담감이 느껴졌다. 어떻게 할까 고민을 하다가 신규 교사 한두 분 그리고 20년 차 교사 한두 분 인터뷰를 할 수 있게 자리를 마련해 달라고 부탁드렸다. 담당 선생님은 흔쾌히 수락해 주셨다.

편안하고 즐거운 분위기를 만들고 싶기도 하고 인터뷰 자리에 기꺼이 나와 주신 선생님들에게 고마운 마음을 전하고 싶었다. 내가 사는 곳에는 대한민국 사람이면 모르는 사람이 없는 굉장히 유명한 빵집이 있다. 타 지역에 사는 지인들에게는 종종 선물을 하기도 하는데, 이날 인터뷰 자리에 제일 유명한 빵으로 준비해 갔다. 역시나 선생님들은 깜짝 놀라며 굉장히 좋아하셨다. 특히 젊은 선생님들의 반응이 최고였다. 긍정적인 분위기 속에서 인터뷰는 시작되었고, 신임 교사로, 경력 많은 교사로 나름의 고충과 웃지 못할 에피소드들을 들을 수 있었다.

　인터뷰 내용을 바탕으로 강의 준비를 하였고, 강의는 역시나 성공적이었다! 관심 없어서 핸드폰으로 게임을 하거나, 이어폰(요즘은 강의를 가면 아이팟이나 버즈를 끼고 있는 청중들이 간혹 있다)을 끼고 있던 신규 교사들이 하나둘 강의에 집중하기 시작했다. 자신이 평소 느꼈던 고충에 공감했고, 크고 작은 에피소드에 웃음을 터트렸다. 선생님들의 몰입도가 최고조에 달했고, 배우려는 의지가 눈으로 보였다. 강의 중간중간, 쉬는 시간, 강의를 마치고도 많은 질문이 이어졌고, 결국 강의를 한 번 더 요청하여 앙코르 강의를 진행하였다. 그리고 '많은 반성을 했다, 아이들에게 미안한 마음이 크다, 영상을 보며 나를 보는 것 같았다, 오늘 배운 것을 잘 사용해 보겠다' 등등의 후회와 다짐, 기대에 대한 후기를 들려주셨다. 사전 인터뷰에 진심으로 함께해 주신 선생님들의 도움이 매우 컸다. 충분한 청중 분석은 강의를 성공적으로 이끈다.

　사전 질문지의 맨 아래에 있는 '주의할 점 및 특이사항'도 반드시 체크한다. 한번은 병원에서 소통관련 강의 섭외가 들어왔는데 이름을 들으니 전국에 있는 유명한 병원이었다. 담당자와 통화를 하면서 사전 질문지에 대한 내용을 물어보았다. 마지막으로 강사가 알고 있어야 할 부분이나 주의할 점, 특이사항을 물어봤다. ○○병원은 A 지역에 있는 병원으로 전국에 있는 ○○병원이 아니라고 담당자가 말해 주었다. 일전에 다녀간 강사가 '전국에 다 있는 유명한 병원이잖아요' 했다가 병원 어르신들이 상당히 싫어했었다는 얘기를 들려주었다. 당연히 그 병원이라고 생각했는데 하마터면 큰 실수를 할 뻔했다. 사소한 것일지라도 담당자에게 묻고 확인하는 것이 필요하다. 생각지도 못한 것이 돌이킬 수 없는 실수로 이어질 수 있다. 그리고 조직과 청중, 담당자에게 좋지 않은 기억의 강사로 남을 수 있다.

세란이는 교육 담당자와 통화 후 사전 질문지를 메일로 보냈고 답변을 받았다.

	단체명 및 주제	○○교육원/앙금 플라워
1	최종인원/연령대/성비/근속연수	약 30명/3~40대/대부분 여성/대부분 주부
2	직급/주요 업무 내용	대부분 주부로 양육 및 살림
3	교육을 계획한 배경, 이유	취미 및 전문 과정으로 배우고 싶다는 문의가 있었음. 우선 앙금 플라워에 대한 궁금증과 호기심을 해소해 주고 추후 원데이 클래스, 전문가 과정을 고려해 볼 예정임.
4	최근 조직 내 변화, 조직원들이 겪고 있는 어려움, 스트레스 등	
5	교육에 바라는 점 (교육생의 기대 사항, 니즈 등)	교육생들이 흥미를 느낄 수 있으면 좋겠어요.
6	교육장 환경	
7	주의할 점 및 특이사항	

"언니~ 사전 질문지 답변 보니까 이제 조금 알 것 같아요. 주부 대상으로 앙금 플라워가 뭔지, 만드는 데 시간이 얼마나 걸리는지, 비용은 어떤지, 얼마나 배우면 만들 수 있게 되는지 이런 거 알려 주면 될 것 같아요. 내가 처음 배우기 시작했을 때 궁금했던 거랑 비슷하네~"

"세란아, 너 지금 엄청난 말을 한 거 알아??"

"네? 제가요? 제가 뭐라 그랬어요?"

"'내가 처음 배우기 시작했을 때' 그 말에 엄청난 게 들어 있어~!"

2. 사전 질문지를 기반으로 강의 목표 정하기

교육 담당자로부터 청중에 대한 자료 수집과 해당 직군과 직무에 대한 이해, 사전 인터뷰를 모두 마쳤다면 이번에는 '청중의 입장이 되어' 본다. 청중을 있는 그대로 이해하고 공감해 보는 것이다. 그래야 강의에 진심을 담을 수 있다. 머리로 이해한 정보만으로는 청중의 마음에 가닿는 강의를 만들 수 없다. 마음으로 헤아리고 공감하는 노력이 필요하다. 자료 수집과 이해, 공감까지 마쳤다면 내용을 정리해 보자.

#수집한 내용 정리하기

1. 청중이 원하는 것, 어려워하는 것, 힘들어하는 것?
→ 나 이게 어려워, 이게 힘들어, 이걸 원해.
　직장에서 사람들과 함께 일을 하다가 상대의 말에 기분이 상하고 상처가 될 때가 있다. 매일 봐야 하는데 스트레스다. 상처받지 않으면서, 스트레스 받지 않으면서 직장 생활 하고 싶다.
2. 강의를 통해 얻고자 하는 것은?
→ 이게 저렇게 되면 너무 좋겠어.
　직장 생활 하면서 상처받았을 때 어떻게 하면 되는지, 스트레스 대처 방법을 알고 싶다.

3. 내가 줄 수 있는 솔루션은?

→ 요걸로 이걸 저렇게 할 수 있어.

  공감소통 대화법, 과학적으로 스트레스를 관리하는 방법.

4. 핵심 키워드

→ 이게 문제고, 이게 답이군.

  직장 생활, 관계, 상처, 스트레스 관리, 대화법.

#강의 목표 정하기

 이제 강의 목표를 정해 보자. 청중 분석과 니즈 파악이 끝났다면 강의 목표를 잡을 수 있다. 청중의 니즈가 바로 강의 목표다. 강의를 통해서 청중이 원하는 니즈를 달성할 수 있게 목표를 설정하면 된다. 강의 목표는 한 줄로 간단하게 적을 수 있어야 한다. 핵심 키워드와 솔루션을 연결하여 하나의 문장으로 만들면 쉽다. 목표가 없으면 강의를 만드는 강사도 길을 잃을 수 있다. 강의 목표는 청중의 니즈에 부합하는 방향으로 강의를 안내해 주는 역할을 한다.

- 강의 목표

1. 공감 소통 대화법을 배우고 익혀 건강한 소통을 할 수 있다.
2. 스트레스를 관리하여 일터에서도 편안함을 유지할 수 있다.

 청중은 강의를 통해서 강의 목표가 달성되어야 한다. 물론 실천하는 것은 청중의 몫이지만 강사는 청중이 실천할 수 있는 적당한 솔루션을 제시할 수 있어야 한다. 위의 과정을 통해 강사는 학습자에게 최적화된 맞춤 강의를 제공할 수 있게 된다.

3. 강의 뼈대 잡기, 강의 기획서 작성

이제 어떤 내용의 강의를 어떻게 할지 강의에 대한 전체적인 그림이 머릿속에 그려졌을 것이다. 머릿속에 그림이 있다고 파워포인트를 열고 바로 작업으로 들어가면 중요한 핵심을 놓칠 수 있다. 물론 경험 많은 강사라면 바로 파워포인트를 열어서 시작해도 좋다. 강의를 어떻게 구성하고 어떤 내용을 언제 삽입할지 등 구체적인 계획을 세워야 한다. 집을 짓기 전 골조를 먼저 잡는 것처럼 강의도 뼈대를 잡는 과정이 필요하다. 이 또한 어렵지 않게 할 수 있다. 어떤 주제의 강의를 하든 잘 만들어 놓은 강의 기획서 한 장이면 쉽게 기획할 수 있다.

프리랜서 강사의 1시간 30분, 2시간 특강은 짧은 시간이지만 강한 인상을 남기고 실질적인 가치를 제공할 수 있어야 한다. 그러기 위해서는 강의의 흐름이 유기적으로 연결되어 있어야 하며 논리적이어야 한다. 특히 특강은 짧기 때문에 핵심 메시지가 강하게 전달되도록 논리적인 흐름을 유지하는 게 중요하다. 또한 청중의 집중력이 떨어지지 않도록 적절한 분량으로 나누고 10~15분 단위로 내용을 정리하는 것도 필요하다. 중간중간 청중의 참여를 유도하는 활동을 추가하는 것도 효과적이다.

강의 기획은 단순한 강의 주제 설정을 넘어, 학습자의 경험을 설계하는 과정이다. 명확한 목표 설정, 체계적인 커리큘럼 구성, 효과적인 전달 방법, 지속적인 피드백과 개선이 이루어질 때, 강의의 질이 향상되고 청중의 만족도가 높아진다. 아래의 가이드를 바탕으로 체계적인 강의 기획을 설계하여, 만족도 높은 강의를 제공할 수 있도록 하자.

#강의 기획서

✓ 뼈대 잡기, 강의 기획서 구조

청중/시간			
핵심 니즈			
주제			
목표			
제목			
A	도입	문제 제기	What
			Why
B	내용	해결 방법	How to 1
			How to 2
			How to 3
A´	마무리	문제 해결	내용 정리
			제안

- 청중/시간
- 강의는 청중을 위한 것이다. 청중은 강의를 준비할 때 가장 1순위로 고려해야 할 대상이다. 청중에 대한 간단한 정보를 적어 놓고 늘 청중을 유념하며 강의를 기획한다.

- 시간은 강의 시간대를 의미한다. 강의 시간대에 따라 강의 기획을 다르게 하는 것이 필요하다. 아직 집중이 어려운 오전 첫 시간이거나, 잠이 몰려오는 점심시간 이후일 경우 스팟 또는 아이스 브레이킹을 염두에 둔다.

  강사는 열심히 준비한 강의를 어서 진행하고 싶지만, 전날 숙취나 졸음으로 청중은 괴로울 수 있다. '당신의 고통(?)을 내가 모르지 않습니다'가 청중에게 전달될 때 청중도 힘들지만 조금 더 강의에 참여하려는 의지를 보여 준다.

• 핵심 니즈
- 앞에서 청중 분석과 핵심 니즈 파악이 이미 끝나 있다. 강의 내용의 핵심이며, 강사는 강의를 통해 이 니즈를 해결 또는 해소해 줄 수 있는 구체적인 솔루션을 제시해 준다.

• 주제
- 강의 핵심 내용이 들어가 있으면서 언제 보더라도 한 번에 확 이해가 되도록 쉽고 구체적으로 쓰기를 제안한다. 여러 개의 강의를 준비하다 보면 간혹 내가 쓴 내용이지만 무슨 내용인지 이해가 어렵거나 헷갈리는 경우가 있다. 그러면 청중 분석과 핵심 니즈 부분을 다시 봐야 하는 번거로움과 불필요한 수고가 따르니 언제 열어 보더라도 한 번에 이해되도록 쉽고 구체적으로 쓴다. 강의 준비에 길을 잃지 않도록 될 수 있으면 풀어서 쓴다. 함축적으로 써

놓으면 시간이 지났을 때 나의 의도를 내가 못 알아볼 때가 종종 있다. 담당자에게 보내 줄 자료가 아니니 나만 알아볼 수 있으면 된다.

• 목표
- 사측에서 원하는 니즈 + 강사가 줄 수 있는 솔루션이 담길 수 있게 적는다.

• 제목
- 핵심 내용이 담기면서 함축적이어야 끌린다. 끌리는 제목을 만들기 위해 고민, 고민 또 고민해야 한다. 그리고 '훅'하는 제목으로 강의의 기대감을 높이자.

• 도입
- 문제를 제기하는 단계이다. 무엇이 문제이고 그 문제가 왜 발생했는지 청중이 공감하고 납득할 수 있는 내용으로 구성해야 한다.
- 문제 제기 What: 이게 문제다.
           Why: 이래서 문제다.

• 내용
- 앞서 문제를 제기했고, 그럼 이제 그 문제를 어떻게 해결할 수 있는지 강사가 가지고 있는 구체적인 솔루션이 제시되어야 한다. 이때 이론과 사례가 논리적으로 전개되어야 청중이 이해하기 쉽고

흥미를 느낄 수 있다.
- 해결 방법 How to 1: 첫 번째 해결 방법으로 이걸 제시한다.
    How to 2: 두 번째 해결 방법은 이거고,
    How to 3: 세 번째 해결 방법은 이거다.

• 마무리
- 문제에 대한 솔루션을 제시하였고 이제 문제가 해결된 단계로 강의에서 다룬 내용을 정리하고 마지막으로 제안하는 단계다. 제안은 문제 제기와 솔루션을 정리하여 청중이 실천할 수 있는 구체적인 방법을 안내한다.
- 문제 해결 내용 정리: 그러니까 지금까지 무슨 얘길 했냐면,
  제안: 그러니 이렇게 하면 그게 해결될 수 있다.

강의의 전체 마무리 단계에서는 강의 내용을 간단하게 요약, 정리해 주는 것이 필요하다. 또한 강의를 통해서 문제 제기와 해결이 동시에 이루어져야 한다. '이게 문제였고(what), 이래서 문제였으며(why), 이걸 통해서 문제를 해결할 수 있다(how to), 이걸 실천하자'가 충분히 전달되어야 한다. 이 내용이 마무리 단계에서 간결하게 정리되어 청중에게 전달되어야 한다. 그래야 청중은 '이게 이래서 문제였구나. 그럼 알려 준 이걸 실천하면 되겠네'가 된다. 그러면 바로 실천으로 옮길 수 있게 되고 강의가 효과적이고 도움이 되었다고 느끼게 된다.

✅ 뼈대 잡기, 강의 기획서 구조 내용

청중/시간	1. 청중은 강의를 준비할 때 가장 1순위로 고려해야 할 대상이다. 2. 시간은 강의 시간대를 의미한다. 아직 집중이 어려운 오전 첫 시간, 잠이 몰려오는 점심시간 이후일 경우 스팟 또는 아이스 브레이킹을 염두에 둔다. 강사는 열심히 준비한 강의를 어서 진행하고 싶지만, 전날 숙취나 졸음으로 청중은 괴로울 수 있다. '당신의 고통(?)을 내가 모르지 않습니다'가 청중에게 전달될 때 청중도 힘들지만 조금 더 강의에 참여하려는 의지를 보여 준다.	
핵심 니즈	강의 내용의 핵심이며, 강사는 강의를 통해 이 니즈를 해결 또는 해소해 줄 수 있는 구체적인 솔루션을 제시해 준다.	
주제	강의 핵심 내용이 들어가 있게 쉽고 구체적으로 쓰기. 담당자에게 보여 줄 게 아니니 나만 알아볼 수 있으면 된다. 강의 준비에 길을 잃지 않도록 될 수 있으면 풀어서 쓴다. 함축적으로 써 놓으면 시간이 지났을 때 나의 의도를 내가 못 알아차릴 때가 종종 있다.	
목표	사측에서 원하는 니즈 + 강사가 줄 수 있는 솔루션이 담길 수 있게 적는다.	
제목	핵심 내용이 담기면서 함축적이어야 끌린다. 끌리는 제목을 만들기 위해 고민하고 '혹'하는 제목으로 강의의 기대감을 높여라.	

A	도입	문제 제기	What: 이게 문제다.	
			Why: 이래서 문제다.	
B	내용	해결 방법	How to 1: 첫 번째 해결 방법으로 이걸 제시한다.	
			How to 2: 두 번째 해결 방법은 이거고,	
			How to 3: 세 번째 해결 방법은 이거다.	
A′	마무리	문제 해결	내용 정리: 그러니까 지금까지 무슨 얘길 했냐면,	
			제안: 그러니 이렇게 하면 그게 해결될 수 있다.	

✅ 뼈대 잡기, 강의 기획서 구조 예시

청중/시간			4~50대 직장인/점심 식사 이후 1시 ~ 2시 30분(90분)	
핵심 니즈			동료 간 상처 주지 않고 소통하기	
주제			갈등 관리, 관계 향상, 대화법	
목표			- 자신의 대화 스타일을 체크할 수 있다. - 소통 대화법을 실생활에서 사용하며 갈등을 예방하고 관계를 향상할 수 있다.	
제목			말이 통해야 일이 통한다, 직장인을 위한 유쾌한 소통 대화법	
A	도입	문제 제기	아이스 브레이킹	5″
			직장 내 갈등의 원인과 관계가 악화되는 이유와 단계	10″
B	내용	해결 방법	대화법을 바꾸면 갈등이 예방되고 관계가 향상된다.	5″
			플러스 대화법 1	5″
			구체적 사례/실습	8″
			플러스 대화법 2	5″
			구체적 사례/실습	8″
			마이너스 대화법 1	5″
			구체적 사례/실습	8″
			마이너스 대화법 2	5″
			구체적 사례/실습	8″
			상호 호감, 존중, 감사, 배려 실천하기 & 조직 문화로 가져가기	5″
A′	마무리	문제 해결	갈등을 예방하고 관계를 향상하는 플러스 대화와 마이너스 대화	5″
			가까운 관계에서 대화법 1부터 시작해 보기	3″

강의를 기획할 때 주의해야 할 것 중 하나가 바로 강의 시간 배분이다. 간혹 강의를 하다가 시간 배분을 제대로 하지 못해 준비한 내용을 다 전달하지 못하고 ppt가 남아 있는 상태로 급하게 마무리하는 경우가 있다. 이는 청중에게 실례인 것은 물론 미진한 강의 실력으로 여겨지게 된다. 강의 기획단계에서 강의 시간을 적절히 배분하여 강사 스스로 강의에 집중하여 강의를 끌고 갈 수 있어야 한다. 또한 적절한 시간 배분으로 청중의 집중도를 마지막까지 유지할 수 있어야 한다.

강의 목표를 제시하고 청중의 흥미를 유발하는 도입 부분은 전체의 약 10~15%로 분배한다. 내용에서는 핵심 내용을 전달하고 실습이나 토론 등을 진행할 수 있도록 60~70%로 배분하는 것이 적절하다. 요약정리 하고 Q&A 시간 및 만족도 설문 등을 위한 마무리 시간은 10~15%로 배분하면 적당하다.

한 가지 더, 강의를 기획할 때 시간을 구체적으로 계획해 보는 것 또한 중요하다. 이 부분에서 시간이 얼마가 소요될지 구체적으로 생각하고 계획해야 준비한 내용을 청중에게 잘 전달할 수 있다. 시간을 계획할 때는 5분 정도 여유 있게 계획한다. 강의 중 돌발 상황 등에 대비하기 위함이다. 그리고 강의 시간을 오버하는 강사는 청중이 가장 싫어하는 유형임을 기억하자. 아무리 흥미 있고 재미있는 강의라도 약속한 시간에 강의는 끝나야 한다. 청중의 시간도 소중하다.

4. 강의 ppt 구성하기와 뼈대에 살 붙이기

 사전 질문지 및 사전 인터뷰를 통한 청중분석을 기반으로 강의를 기획했다. 그러면 이제 실제 강의 ppt를 만들 준비가 되었다. 파워포인트를 열어도 좋다. 이미 머릿속에 ppt를 어떻게 구성할지 그림이 그려져 있을 것이다.

#강의 잘하는 강사의 강의 ppt 구성하기

1. ppt 첫 3장은 강의 확정 내용, 사전 설문지, 강의 기획서로 구성한다.
→ 강의의 길을 잃지 않도록 강의 준비를 하면서 자주 보고 참고하도록 한다.
2. 제목, 주제 및 목표, 강사 소개, Q&A, 만족도 설문 슬라이드를 만든다.
3. 강의 기획서를 참고하여 전체 강의 내용을 5~6개의 소주제로 구성한다.
4. 각 소주제에서 전달하려는 핵심 메시지를 2~3개로 구성한다.
5. 핵심 메시지를 뒷받침할 에피소드 및 사례를 구성한다.

나는 강의 기획서와 강의 구성 ppt에 유머도 넣는다. 언제 어떤 유머를 사용할지 디테일하게 기획하고 구성한다. 유머나 재치, 순발력이 뛰어난 편이 아니기 때문에 이것 또한 사전에 미리 기획한다. 그리고 미리 기획한 게 아닌 것처럼 자연스럽게 미리 기획한 유머를 구사한다.

이렇게 하면 약 25~40장 정도의 슬라이드가 구성되었을 것이다. 이제 슬라이드에 살을 붙이면 된다.

#강의 ppt 구성 첫 3장은 이렇게

ⓒ ppt 첫 번째 장 - 사전 조율 및 강의 확정 내용 삽입

사측과 전화통화 또는 메일로 주고받은 강연 관련 내용을 한눈에 볼 수 있게 정리하여 사측에 확인차 다시 한번 보낸다. 그리고 최종 확정된 내용을 강의 ppt 첫 장에 삽입해 놓는다. 나중에 강의 시간이나 장소 등을 번거롭게 확인할 필요가 없다.

```
〈○○건설 커뮤니케이션 강연〉
==================================================
▣ 회사명: ○○건설
▣ 일    정: 2025년 03월 21일(금) 10:30~12:30(2H)
▣ 대    상: 임직원 30명
▣ 장    소: 서울 강남 / 사내 교육장
▣ 주    제: 조직 예절 및 커뮤니케이션(소통) 방법
▣ 강의료: ○○만 원
==================================================
▶ 준비물 - A4용지 1인 1장, 필기구
```

✓ ppt 두 번째 장 – 청중 분석과 니즈 파악 내용 삽입

〈교육 담당자에게 받은 사전 질문지〉

	단체명 및 주제	○○건설
1	최종인원/연령대/성비/근속연수	28명/4~50대/모두 남성/10~20년
2	직급/주요 업무 내용	팀원 관리, 건설 관련 전체적인 업무 진행.
3	교육을 계획한 배경, 이유	남자들만 있다 보니 다소 언행이 거칠어 새로 들어온 직원들, 젊은 직원들은 상철을 받거나 상사와 갈등이 생기는 경우가 있음.
4	최근 조직 내 변화	없음.
5	조직원들의 스트레스 요인	업무적으로는 스트레스가 크게 없으나 관계에서 소통이 어려워 스트레스를 받음. 지방근무 시 가족과 장시간 떨어져 있는 것이 스트레스.
6	교육에 바라는 점	상호 존중하고 이해하며 갈등을 완화하는 대화를 할 수 있기를.
7	주의할 점 및 특이사항	모두 남성. 다소 거친 언어 사용. 강의 시 호응이 적거나 없을 수 있음.

✓ ppt 세 번째 장 – 강의 전체 구조 삽입

〈뼈대잡기, 강의 기획서 구조〉

청중/시간				
핵심 니즈				
주제				
목표				
제목				
A	도입	문제 제기	What	
			Why	
B	내용	해결 방법	How to 1	
			How to 2	
			How to 3	
A´	마무리	문제 해결	내용 정리	
			제안	

#뼈대에 살 붙이기

ppt 뼈대에 살을 붙이기 위해서는 우선 자신의 콘텐츠에 대한 정리가 되어 있어야 한다. 정리가 되어 있다는 것은 내용에 대한 이해는 물론 어떻게 구성되어 있고 주제와 소주제 및 핵심 메시지 등을 훤하게 꿰뚫고 있어야 한다. 마치 몇십 년 택시 기사가 큰길과 샛길은 물론 골목골목을 손바닥 보듯 훤히 들여다보고 있는 것처럼 말이다. 강사가 자신이 강의할 나만의 콘텐츠에 대한 이해와 정리가 부족하면 강의할 때 표가 나기 마련이고 언젠가는 실력이 들통 나게 되어 있다. 정리하고 버릴 건 버리는 것이 살림 잘하는 노하우인 것처럼, 콘텐츠 자료도 정리하고 버릴 건 버리고 새롭게 채울 건 채우는 작업이 필요하다. 콘텐츠를 정리하고 구분하여 ppt로 준비가 되어 있어야 한다. 그래야 강의 ppt를 준비하면서 필요한 것을 취사선택할 수 있고, 부족한 자료가 뭔지 바로바로 알고 보완할 수 있다.

살 붙이기는 먼저 만들어 놓은 강의 ppt 뼈대, 즉 앞서서 구성한 ppt를 기반으로 각각의 소주제 슬라이드에 핵심 메시지를 넣은 하위 슬라이드를 삽입하는 것으로 시작하면 쉽다. 하나의 소주제에는 2~3개의 핵심 메시지를 전달하는 것이 좋다. 내용이 3가지를 넘어가면 많게 느껴지고 또 내용이 너무 없으면 콘텐츠가 빈약하다는 느낌을 준다.

소주제에서 전달하고자 하는 핵심 메시지와, 메시지를 뒷받침해 줄 에피소드 및 사례. 이것을 하나의 세트라고 보면 쉽다. 이렇게 4~5세트가 합쳐지면 기본 90분 특강이 나온다.

> (한 세트 = 소주제 + 핵심 메시지 + 에피소드 및 사례) × 5 = 90분 특강

#핵심 메시지

ppt에 내용을 넣을 때에는 두 가지 규칙을 지키자. 첫 번째, 'one 슬라이드, one 메시지'의 절대 규칙을 지키도록 한다. 한 장의 슬라이드에는 하나의 메시지만 넣는다. 한 장의 슬라이드에는 강사가 청중에게 전달하고자 하는 하나의 메시지가 의도적으로 잘 드러나야 한다. 강의 중 슬라이드가 바뀌면 청중은 자연스럽게 슬라이드로 눈이 가고 또 자연스럽게 슬라이드의 내용을 눈으로 읽게 되는데, 이때 메시지가 여러 개이면 집중이 흐트러진다. 청중이 앞을 보고 있고 강사의 말에 귀를 기울이는 것 같지만 사실은 그렇지 않다. 애써 준비한 강의 ppt가 오히려 강의에 방해가 될 수 있다. 한 장의 슬라이드에는 하나의 메시지만 담자.

두 번째 규칙은 글밥은 최소로 하는 것이다. 글밥이 많은 슬라이드를 보는 순간 청중의 피로도는 올라가고 흥미는 떨어진다. 그 많은 글밥은 누구를 위한 것인가? 강사를 위한 것이라면 공부하시라. 강사에게 ppt는 컨닝 페이퍼나 마찬가지다. 키워드만 보고 어떤 내용을 언급해야 하는지 알아차리면 된다. 애초에 '핵심 메시지'라고 언급한 것처럼 핵심만 남기고 나머지는 과감하게 삭제하자.

#에피소드와 사례

　핵심 메시지를 청중의 귀에 잘 들리게 전달하기 위해서 관련 에피소드나 사례를 알차게 준비한다. 청중은 메시지 내용보다는 에피소드나 사례를 기억할 확률이 더 높다. 중학교 역사 시간에 선생님이 들려준 이야기는 지금도 기억나지만 무엇을 배웠는지는 기억하지 못하는 것과 같다. 또한 메시지 내용이 어렵거나 잘 와닿지 않는 내용은 에피소드나 사례를 통해 한 번에 쉽게 이해되는 경우도 많다. 그런 이유에서 메시지를 잘 전달할 수 있는 찰떡같은 에피소드와 사례를 찾는 것은 매우 중요한 작업이다. 메시지에 딱 어울리는 에피소드와 사례를 찾는 것 또한 강사의 능력이라 할 수 있다. 에피소드나 사례를 찾기 위해 강사는 책을 읽거나 드라마를 볼 때에도 작은 일상을 보낼 때에도 강의와 연결하는 시각과 통찰을 지니고 있어야 한다. 피곤하게 생각할 것이 아니라 '아~!' 할 수 있는 즐겁고 재미있는 작업으로 생각하면 나만의 에피소드 부자가 된다. 남들도 다 사용하는 에피소드와 사례는 청중 입장에서는 오래되고 낡은 식상한 이야기일 뿐이다. 에피소드와 사례를 발굴하는 능력을 조금씩 키워 나가기를 바란다.

　유명인의 일화나 연구 결과, 실험 등도 좋은 사례가 될 수 있지만 무엇보다 에피소드와 사례의 핵심은 '공감'에 있다. 청중이 이야기를 듣고 마치 자신의 이야기처럼 확 공감이 된다면 핵심 메시지가 강하게 기억에 남게 될 것이다. 일상에서 일어나는 흔한 일일지라도 어떤 시각으로 보고 또 어떻게 통찰해 내느냐에 따라 핵심 메시지를 찰떡처럼 설명할 수 있는 고급 사례가 될 수 있다. 평소 남다르게 생각하고 반문하고 남다르게 보는 연습을 하자. 그리고 나의 콘텐츠와 연결하여 청중에게 깨달음과 지혜를 줄 수 있는 강의를 기획하자.

끌리는 강의 제목

강의 섭외가 확정된 경우는 제목을 크게 신경 쓰지 않아도 된다. 하지만 강의를 제안하는 단계라면 강의 제목이 강의 확정에 크게 한 몫한다. 끌리는 강의 제목을 만들기 위해 최근 인기 있는 드라마나 영화, 베스트셀러 도서, 광고 카피나 유행어, 노래 제목 등을 참고하면 쉽게 끌리는 제목을 만들 수 있다. 그러나 막상 제목을 만들려면 참 쉽지가 않다. 청중을 만족시킬 강의 내용과 솔루션이 함축적으로 들어가 있으면서 창의적이고 참신해야 끌리기 때문이다. 이 또한 연습이 필요하다. 처음부터 끌리는 제목을 만들기는 어렵지만 자꾸 하다 보면 감각이 살아나고 어느 순간 교육 담당자의 시선을 사로잡는 제목을 탄생시킬 수 있게 된다.

나의 경우 제목은 강의 기획서를 작성하면서 가제목을 정하고, 강의 자료를 완성한 후 마지막에 진짜 제목을 완성한다. 가제목은 청중의 핵심 니즈와 솔루션이 훤히 드러나게 정한다. 그래야 강의 방향이 흔들리지 않는다. 강의 자료가 완성되면 가제목을 바탕으로 내용이 함축된 감각적인 끌리는 제목을 고민하고 다듬어 완성한다. 그리고 강의의 핵심 내용과 솔루션이 담겨 있는, 제목을 설명해 줄 수 있는 부제목을 제목 아래에 붙이기도 한다. 그러면 함축된 제목이 청중에게 조금 더 가치 높게 전달될 수 있다.

제목을 지을 때 주의해야 할 점이 있다. 지나치게 함축된 제목은 의미 전달이 어렵다. 강의 내용을 알고 있는 강사는 제목만으로 어떤 의미인지 알지만 다른 사람은 함축된 제목만으로 내용을 예측하기 어려울 수 있다. 함축적이라 할지라도 제목을 통해 내용을 예측할 수 있어야 한다. 제목에 내용이 암시되어 있어야 한다. 그래야 청중은 강의를 통해 자신이 원하는 것을 얻어 갈 수 있겠다는 기대감을 갖게 된다. 같은 맥락으로 너무 짧은 제목이나 너무 긴 제목은 다시 생각해 봐야 한다.

ⓒ 끌리는 제목 짓기 예시

- 스트레스 관련
- 슬기로운 직장생활을 위한 스트레스 관리 노하우
- 마음이 통해야 일이 통한다
- 나의 마음 해방 일지
- 내 마음에 안부를 묻다

- 소통 및 대화법 관련
- 말이 통해야 일이 통한다
- 따뜻한 말 한마디
- 어른의 대화법 / 리더의 대화법
- 언어의 품격

5. 눈에 꽂히게 보이기, ppt기술

강사 양성 과정 마이크로 티칭 시간이었다. 예비 강사들이 준비한 시범강의를 진행하며 피드백을 하는데 강사들마다 들고 나오는 ppt가 비슷했다. 전체적인 디자인과 분위기, 컬러, 이미지 등이 비슷했고, 심지어 같은 ppt에 내용만 다른 강사도 있었다. 알고 보니 같은 사이트를 이용했다고 한다. 요즘은 무료로 ppt를 쉽게 만들 수 있는 사이트가 많다. 그런데 모두 비슷한 ppt를 들고 나오니 식상한 느낌이었다. ppt는 강의 내용과 어울리는 디자인과 컬러감, 강사 고유의 느낌과 개성, 창의성이 녹아 있어야 하는데 기성품 같은 느낌이 컸다. ppt를 만들어 주는 사이트를 이용하면 쉽고 간단하다는 장점이 있지만, 강사만의 고유성이 떨어진다는 단점도 있다.

ppt는 강의의 얼굴과도 같다. 청중은 강사를 만나기 전 화면에 띄어 놓은 ppt를 먼저 만난다. 그리고 청중은 강사의 강의 ppt를 보고 강사의 전문성과 실력을 평가하기도 한다. 어디선가 본 듯한 느낌을 주는 ppt는 감흥이 없고 식상하다. ppt를 만들어 본 경험이 없거나 자신이 없다면 사이트를 이용하는 것도 방법이지만, 참고 정도만 하기를 제안한다. 내가 들고 간 강의 ppt가 앞서 강의한 강사의 ppt와 상당히 비슷할 수 있다. 교육 담당자도 청중도 강의를 듣기 전부터 강사에 대한 기대나 신뢰도가 떨어질 수 있다.

눈에 꽂히는 ppt 만드는 기술

청중의 눈에 꽂히는 ppt를 만들기 위해서는 어떻게 해야 할까? 첫째, 다른 강사의 강의 자료를 많이 봐라. 온라인 평생학습포털에서 다양한 강사들의 강의를 무료로 들을 수 있다. 강사들의 ppt를 눈여겨보기 바란다. 전문가들이 강의 자료를 만들기 때문에 상당히 세련된 ppt를 볼 수 있다. 획일적이지 않으면서 개성 있고, 무엇보다 강의 내용과 어울리는 이미지와 컬러들로 디자인되어서 일치감을 준다. 너무 튀지 않으면서 한눈에 들어오는, 간단하지만 임팩트 있는 ppt들을 볼 수 있다. 한마디로 보는 눈이 생긴다. 강의 자료를 만들 때 적극 참고하자.

둘째, 제품 홍보 및 판매 자료도 도움이 된다. 온라인에서 물건을 주문하기 전 다양한 정보를 확인하다 보면 한눈에 들어오는 잘 만들어진 자료들을 볼 수 있다. 제품에 어울리는 이미지와 핵심 문장으로 간단하면서 깔끔하게 정리되어 많은 내용이 한 번에 이해된다. 이 또한 전문가의 손길이다. 나는 잘 만들어진 자료들을 보면 캡쳐해 놓고 비슷한 느낌으로 ppt를 만들어 사용하기도 한다. 비슷하게 만들어 보는 것도 실력을 쌓는 일이다. 창조는 모방에서 시작된다.

셋째, 같은 자료를 다르게, 새롭게, 색다르게 디자인해 봐라. ppt의 글씨체만 바꿔도 느낌이 다르다. 이미 완성된 ppt 자료를 가지고 컬러를 다르게 해 보거나, 다른 이미지를 삽입해 보기도 하고, 배치를 다르게 해 보는 등 조금씩 변화를 준다. 그리고 객관적인 시각으로 두 개의 ppt를 비교해 보면 조금 더 괜찮아 보이는 자료가 있다. 그렇게 실력이 늘면서 완성도 높은 나만의 ppt를 만들 수 있다.

  단어 하나, 컬러 하나, 이미지 하나에 ppt의 느낌이 달라진다. 보는 눈을 키우고 감각을 깨워 청중의 눈에 꽂히는 나만의 ppt를 만들자.

6. 뇌에 꽂히게 말하기, 스토리텔링

아무리 내용이 좋고 구성도 잘되어 있고 ppt도 잘 만들어졌다 하더라도 듣고 싶게 만드는 스토리텔링 기술이 필요하다. 내 강의만의 스토리텔링이 중요하다. 그렇다면 스토리텔링, 어떻게 하는 걸까? 몇 가지 방법만 따라 해도 조금 더 풍미 가득한 강의가 된다.

#뇌에 꽂히는 스토리텔링 기술

첫 번째, 숫자로 표현하라. 앞서 강사 소개에서 언급한 '엄마 25년, 교직 30년, 제자 9,000명' 이 또한 숫자를 활용한 스토리텔링 기법을 적용한 사례이다. 그냥 '교사 생활을 오래 하며 많은 아이들과 함께했다'고 말하는 것과 자신의 경력을 '숫자'로 표현했을 때 조금 더 선명해지면서 뇌에 꽂히게 된다. 왜냐하면 숫자는 단순한 '수'를 나타내는 것이 아니라 그 안에 많은 가치와 의미가 담겨 있기 때문이다. '교사로 오랜 시간 많은 아이들과 함께하며 수많은 경험과 경험에서 나오는 그 사람만의 노하우'가 30과 9,000에 고스란히 들어 있다. 숫자로 표현하면 말의 힘이 달라지고 내용에 대한 집중도가 올라간다.

두 번째, 나의 언어가 아닌 '청중의 언어'로 말하라. 부모교육에서 감정 알아차림에 대한 내용을 강의할 때의 일이다.

"아이가 열심히 공부하더니 수학 100점, 영어 100점 받아 왔어요. 이때 어떤 기분이 드세요?"

이렇게 청중과 연결된 언어로 물어볼 때 감정을 조금 더 잘 느낄 수 있게 된다.

"기쁨이요."

"뿌듯함~"

"고마움이 느껴져요."

"의심스러움?"

순간 강의장이 웃음바다가 되었다. 그 청중은 그 순간 자신의 진짜 찐감정을 느낀 것이다. 청중의 언어로 묻지 않았다면 나올 수 없는 대답이었다. 그리고 많은 청중들은 감정 알아차림이 쉽고 재미있는 학습이 되었을 것이고, 이 장면이 머릿속에 오랫동안 기억될 것이다. 초보 강사라면 소통에서 감정 알아차림의 중요성에 대해서만 강조했을 것이다.

청중이 부모라면 주말에 소파와 한 몸이 되는 남편, 택배를 사랑하는 아내, 남편 똑 닮은 아이, 아무도 안 볼 때 쓰레기통에 버려 버리고 싶은 가족 등 그들의 언어를 사용해 보자. 청중이 직장인이라면 지옥철 출근, 꿈에서나 가능한 칼퇴, 밥 먹듯 야근, 국장인지 청국장인지 일 묵혀 두는 국장, 신입 빌런 등의 청중과 연결된 언어로 이야기해 보자. (이래서 청중 분석이 중요하다!) 조금 더 공감이 되고 조금 더 잘 들리는 것은 물론, 강의에 마음까지 완전히 들어올 수 있게 될 것이다. 나의 언어가 아닌 '상대의 상황과 입장을 연결시킨 언어'로 강의를 더욱 풍성하게 만들어 보자. 청중은 '내 얘기'라고 생각될 때 그 순간 머릿속으로 내용이 연결되고 몰입한다.

세 번째, 감정에 초점을 맞춰라. 사람들은 일반적인 단어는 잘 기억하지 못하지만 감정적인 단어는 '뇌에 새겨지듯' 기억한다. 우리의 뇌가 그렇게 되어 있다. 이 방법은 내가 강의 마무리 단계에서 자주 사용하는 스토리텔링 방식이다. 감동적인 영화나 눈물을 쏟으며 본 드라마, 분노를 느끼며 본 뉴스 등 감정을 자극한 콘텐츠는 쉽게 잊히지 않는다. 여운이 오래 남는다.

기업에서 소통 강의를 할 때의 일이다. 마음이 담긴 공감소통에 대한 내용을 전달할 때 사례로 영상을 준비했는데 이 영상을 보고 많은 분들의 눈시울이 붉어졌고 눈물을 참지 못하고 엉엉 우신 분도 계셨다. 디즈니랜드에 놀러 온 한 어린아이. 미키와 미니가 아이에게 다가가 말을 걸지만 아이는 아무런 반응이 없었다. 그러자 아이의 옆에 있던 한 어른이 미키와 미니에게 얼른 '수화'로 '반가워, 나는 너를 사랑해'라고 알려 줬고 미키와 미니는 그 자리에서 얼른 수화를 배워 아이에게 수화로 말했다. 수화를 본 아이는 미키와 미니에게 가서 안겼다.

우리는 살아온 인생의 역사가 다르다. 나의 말이 나의 의도와는 다르게 다른 뜻으로 전달될 수 있다. 그럴수록 우리에게 필요한 것은 상대를 공감해 보려는 노력이다. 상대를 이해해 보려는 노력, 그 말을 하는 상대의 마음을 한 번쯤 헤아려 보려는 노력이 우리에겐 필요하다. 청중은 영상을 통해 그동안 자신이 했던 소통을 점검하면서 많은 생각과 감정이 들었을 것이다. 그리고 소통을 함에 있어 자신이 조금은 부족했음을 알아차리고 느끼고 깨달았을 것이다.

감정에 초점을 맞춘 스토리텔링 기법을 활용할 때 강사가 주의해야 할 점이 한 가지 있다. 감정적으로 울먹거리며 해야 할 말을 주절주절하는 것만큼 아마추어적인 게 없다. 감정적인 스토리를 이야기할 때는 조금 낮은 목소리로 담담하게 전달할 때 감동이 더 크다. 이런 강사의 모습은 청중에게 더욱 깊은 인상을 남긴다.

청중과 연결된 언어이면서 감정에 초점이 맞춰져 청중이 감정적으로 자극되었다면 그 강의는 대성공이다. 왜냐하면 그 청중은 분명히 긍정적인 변화를 시도할 것이기 때문이다. 감정적인 것은 뇌와 가슴에 깊이 오래 남는 것을 넘어 행동의 변화를 가져온다. 즉 강의의 최종 목표인 '청중의 변화와 성장'이 달성되기 때문에 성공적인 강의라고 할 수 있다.

설명이 장황하고 길게 늘어지는 강의는 실패할 수밖에 없다. 설명만 하면 청중의 뇌와 마음에 가닿지 않는다. 지루하게 느껴져 곧 흥미를 잃게 되고 남는 건 아무것도 없게 된다. 강의가 끝났는데 청중의 머리에 남는 게 없다면 그것은 강사의 책임이 크다. 다양한 스토리텔링 방법을 활용하여 청중의 뇌에 꽂히게 말해 보자.

강의를 완성하고 난 후 자신의 강의를 최대한 낯설게 훑어보는 것이 좋다. 마치 다른 사람의 강의안을 보는 것처럼 천천히 보면서 내용의 흐름이 논리적인지, 내용과 강의 목표, 제목이 연결되어 있는지를 효과적으로 점검할 수 있다.

Part 3.

강의하기

명강의 명강사, 야 너두!

1. 딱 봐도 강사, 누가 봐도 강사

온라인에서 웃지 못할 글을 읽었다. PC방에서 알바를 하는데 여자 알바생이 자신보다 일은 조금하고 돈은 더 받는다는 것을 알고 극대노했다는 사연이었다. 자신이 하는 일은 음식 만들기, 설거지, 화장실 청소, 좌석 및 바닥 청소, 음료수 채워 넣기 등 온갖 힘든 일이었다고 한다. 반면 여자 알바생은 자신이 만든 음식을 손님에게 서빙하기, 카운터에 앉아 있기가 다였다고 한다. 일은 자신이 몇 배 더 힘들게 하는데 여자 알바생이 자신의 두 배에 해당하는 급여를 받는다는 것을 알고 사장에게 따져 물었다고 했다.

"그 애가 오고 매출이 상당히 늘었어."

"그래도 그렇지 하는 일도 별로 없고 일은 제가 다 하는데, 어떻게 두 배를 더 주세요?"

"왜 하는 일이 없어? 그 애는 예쁜 얼굴로 음식 서빙하고 카운터에 앉아 있는 게 일하는 거야. 요즘은 외모도 경쟁력인 시대인거 몰라? 그에 맞는 대우를 해 주고 있을 뿐이야."

#외모와 소득의 상관관계

참으로 씁쓸하지만 실제 이를 증명할 재미있는 연구 논문이 있다. 텍사스대 경제학 교수 대니얼 해머메쉬와 미시간대 제프 비들 교수가 쓴 "외모와 소득의 상관관계"라는 논문이 다. 미국과 캐나다에서 잘생긴 외모의 남자는 평균보다 5.3% 높은 월급을 받았고, 예쁜 외모의 여성은 평균보다 3.8%가량 높은 월급을 받았다. 반면 못생긴 사람은 평균보다 5~10%가량 월급이 낮았다.

우리가 잘 알고 있는 메라비언의 법칙에서도 외모의 중요성에 대해 말하고 있다. 타인에게 메시지를 전달할 때 용모와 복장, 표정 호감도 55%, 목소리 호감도 38%, 언어 호감도가 7%의 비중을 차지한다는 내용이다. 즉, 인간은 타인과 소통할 때, 대화의 내용보다는 그걸 뒷받침하는 시청각적 요소의 영향을 매우 많이 받는다는 것이다. 아무리 강의 내용이 좋아도 청중에게 보여지는 강사의 이미지가 강사답지 않다면 청중은 시작부터 당신의 강의에 관심이 없을 수 있다.

외모도 경쟁력인 시대다. 괜히 잘생기고 예쁜 연예인을 모델로 쓰는 게 아니다. 대중 앞에 서는 강사도 마찬가지다. '딱 봐도 강사, 누가 봐도 강사'로 보여야 경쟁력 있다. 강사는 섭외 담당자 입장에서는 검증되지 않은 사람이다. 섭외 담당자가 강사 섭외를 위해 가장 먼저 접하는 것은 다름 아닌 강사 프로필이고, 프로필의 강사 사진에 가장 먼저 시선이 가기 마련이다.

내가 경쟁력 있는 외모가 아니라면 때와 장소에 맞게 자신을 꾸미는 노력이 필요하다. 예쁘거나 잘생기지 않아도 개성 있고 매력적으로 보여 전체적인 이미지가 호감으로 느껴질 수 있다. 노력하면 충분히 좋은 느낌의 끌리는 외모가 될 수 있다. 팝아트의 선구자 앤디

워홀은 이런 말을 했다.

"당신이 어떤 일을 하느냐가 중요한 것이 아니라, 다른 사람들이 당신이 어떤 일을 한다고 생각하느냐가 중요하다."

강사는 딱 봐도 강사, 누가 봐도 강사로 보여야 한다. 딱 봤을 때 정돈된 신뢰 있는 느낌을 줄 수 있어야 한다. 누가 봐도 전문성 있는 강사로 느껴져야 한다.

2. 청중을 압도하는 빠져드는 목소리

메라비언의 법칙에서 타인에게 메시지를 전달할 때 용모와 복장, 표정 호감도 55%, 목소리 호감도 38%, 언어 호감도가 7%의 비중을 차지한다고 했다. 타인과 소통할 때, 대화의 내용보다는 그걸 뒷받침하는 시청각적 요소의 영향이 컸고, 두 번째로 영향을 주는 것이 목소리였다. 아무리 좋은 메시지라도 이를 전달하는 목소리가 좋지 않으면 그 효과가 떨어진다는 얘기다. 그만큼 강의에서 중요한 것은 바로 청중에게 전달력 있고 신뢰감 주는 강사의 목소리이다.

어떻게 하면 전달력 있고 신뢰감 주는 목소리를 낼 수 있을까? 전달력 있고 신뢰감 주는 목소리를 내기 위해서는 나만의 목소리를 찾아야 한다. 나 자신의 고유한 목소리는 힘들지 않고 오랜 시간 편안하고 안정적인 목소리를 낼 수 있으며 듣는 청중을 편안하게 해 메시지의 전달력을 높인다.

강사 양성 과정을 진행하다 보면 정말 많이 받는 질문 중 하나가 바로 '목소리'이다.

"소장님은 목소리가 참 좋으신데 원래 그런 목소리였어요?"

그렇지 않다. 나는 톤이 높고 말의 속도가 빨랐다. 졸리지 않아서 좋다는 긍정적인 피드백도 있었지만 빨라서 듣기에 숨이 찼다는 청중도 있었다. 높은 톤으로 빠르게 말을 하다 보니 목이 금세 아팠고, 강의 중 마른기침이 나와서 목을 축여야 한 적도 있었다. 그래서인지 목이 쉽게 피곤해졌다. 심할 때는 침을 삼킬 때마다 통증이 느껴져 물 마시는 것도 힘들었다. 그런 상태로 강의를 하는 날에는 말할 때마다 목이 찢어질 것 같은 극심한 통증이 뒤따랐다. 이렇게 하다가는 소위 목이 나가겠다는 생각이 들었고, 목소리를 내는 방법을 다르게 해야 했다.

강의를 녹음하고 이동하는 차 안에서 들었다. '이게 내 목소리라고?' 목소리가 낯설었다. 무엇보다 청중들이 듣기가 쉽지 않았겠다는 생각이 들었다. 목소리에 힘이 들어가 있고 강의 후반으로 갈수록 목소리는 갈라졌다. 힘들다는 것이 목소리에서 느껴졌다. 힘들지 않으면서 안정감 있고 편안한 목소리를 내기 위해 여러 가지 방법을 적용하다 나에게 맞는 방법을 찾았고 반복, 반복, 반복하며 연습했다. 그리고 그 결과, 초보 강사 시절 두 시간 강의하고 나면 목이 아파 말도 제대로 못했던 내가 지금은 이틀 강의에도 끄떡없는 목소리를 낼 수 있게 되었다.

#나만의 목소리 찾기

긴장했다는 것을 알 수 있는 것 중 하나가 바로 목소리이다. 대중 앞에 서면 긴장되는 것은 당연하다. 그러니 강사라면 긴장에서 벗어나 조율된 모습을 보여야 한다. 힘들지 않고 장시간 강의할 수 있으면서 전달력 높고 신뢰감 있는 나만의 목소리 찾는 방법, 강사 양성 과정에서 강사들에게 인기 있고 만족도 높은 강좌다. 전달력 있고 신뢰감 있는 목소리를 내려면 어떻게 해야 할까? 첫 번째, 자세를 체크해라. 허리가 굽거나 턱이 앞으로 나와 있으면 좋은 소리를 내기가 어렵다. 두 발을 바닥에 잘 디디고 배에 힘을 준다. 턱을 당겨서 목을 펴 주고 등을 바로 세우면 기도가 곧게 펴져서 호흡도 저절로 깊어진다. 이때 어깨가 말려 있지는 않은지, 가슴이 열려 있는지 체크한다. 몸에 불필요한 힘이 들어가지 않게 바른 자세를 의식적으로 유지한다. 목소리를 잘 내기 위해서는 스킬도 중요하지만 기본적인 자세부터 챙기는 것이 중요하다. 바른 자세에서 듣기 좋은 목소리가 나온다.

 전달력 있고 신뢰감 있는 목소리를 내는 방법 두 번째, 나만의 톤을 찾아라. 자세를 체크했다면 이제 나만의 톤을 찾을 차례다. 요즘 TV에서 가수가 되는 프로그램을 자주 볼 수 있다. 많은 예비 가수들이 나와서 노래를 하는데 그중 최종 선발되는 참가자들을 보면 자신의 음색을 잘 알고 자신의 음색에 잘 맞는 노래를 선택한 사람들이다. 목소리와 노래가 찰떡같이 잘 들어맞아 노래가 주인을 찾았다고 하는 심사평도 있었다. 자신의 목소리에 어울리는 노래를 찾는 것은 몸에 잘 맞고 잘 어울리는 옷을 입은 것과 같다.
 사람은 누구나 자기 자신 고유의 목소리 톤을 가지고 있는데 그 톤을 찾으면 된다. 우선 자세를 바르게 하고 감정을 중립상태로 유지한다. 감정이 올라가면 호흡이 빨라지면서 목과 얼굴, 어깨에 힘이 들어간다. 당연히 목소리에도 힘이 들어간다. 그런 다음 '아' 하고 소리를 내는데, 낮은 음부터 높은 음까지 두세 번 정도 왔다 갔다 한다. 자신의 목소리를 들으면서 소리를 내는 것이 중요하다.

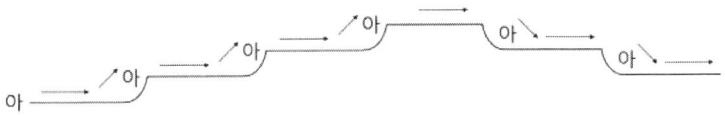

소리를 내면서 다음을 체크해 보자. 소리 내기가 힘들지는 않은가, 소리가 듣기 편안한가, 소리에 안정감이 있는가. 그렇게 자신의 소리에 집중하면서 음을 높이고 낮추며 소리를 내다 보면 울림 지점이 있다. 바로 그 지점이 자기 자신 고유의 톤이다. 소리 내기도 좋고 듣기도 편안한 나만의 톤이다. 힘들지 않으면서 듣기 편안하고 안정감이 느껴지는 소리는 부드러우면서 울림이 있다. 사람마다 조금씩 다르기는 하지만 보통 '미'나 '파' 음이 내기도 좋고 듣기도 좋다. 그리고 같은 '미', '파' 음이라고 해도 음의 색에 따라 다르게 들린다. 내가 찾은 나만의 톤은 나만의 음색으로 청중에게 '빠져드는 목소리'가 될 것이다.

전달력 있고 신뢰감 있는 목소리를 내는 방법 세 번째, 목에 힘 빼라. 수다 떨 때 목이 아파서 수다를 못 떤 적이 있던가? 시간이 없어서 수다를 못 떨지 목이 아파 수다를 못 떤 적은 거의 없을 것이다.

수다는 가까운 사람과 편하게 나누는 일상적인 내용의 대화다. 즉, 편안한 상태에서 하는 말하기이다. 물론 수다를 떨다 보면 감정적인 내용에서 목소리에 힘이 들어가기도 하지만 감정으로 인해 힘이 들어간 것이지 의도적으로 목소리에 힘을 주고 내는 소리는 아니다.

힘을 빼야 편안하게 오래 말할 수 있다. 그런데 많은 사람들이 말을 하기 위해 목에 힘을 준다. 목에 힘이 들어가면 목이 긴장되면서 목소리에 긴장감이 그대로 담긴다. 편안한 목소리가 나오지 않게 된다. 목에 힘을 뺄 때 목과 목 주변의 근육이 이완되면서 쉽고 편하게 오랜 시간 말할 수 있게 된다. 목에 힘을 빼고 호흡하듯 편하게 말해 보자. '공기 반 소리 반'이라는 말처럼 말이다. 여기에 호흡까지 편안하게 유지되면 자연스러우면서 안정적인 톤과 어투의 말이 나오게 된다. 장시간 강의를 해도 목에 무리가 가지 않고 쉽게 지치지 않는다.

편안한 목소리는 그 사람이 정서적으로 안정되어 보이고 여유 있어 보인다. 신뢰감까지 생기게 한다. 목소리는 제2의 얼굴이다. 보여지는 모습이 첫인상이라면 목소리는 들려주는 첫인상이라고 할 수 있다. 좋은 목소리는 내기도 편하고 듣기도 편안한 소리이다. 이제는 마이크를 잡고, "안녕하세요, 방금 소개받은 신정민 강사입니다."라는 한마디로 웅성웅성하던 강의장이 일순간 조용히 정리가 된다. 목소리 하나로도 좌중이 압도될 수 있다.

#목소리를 써서 강의의 흥미를 높여라

지금도 기억에 남는 TV 광고가 하나 있다. 몇 명의 아이들이 나와서 노래를 부르는 것으로 광고가 시작된다. 아이들은 계이름으로 노래를 부르는데 세게 소리를 내야 하는 부분에서는 몸을 바로 세우고 입 모양을 크게 해서 소리를 내고, 작고 약하게 불러야 하는 부분에서는 몸을 작게 움츠리고 입을 작게 하여 소곤소곤 속삭이듯 소리를 내어 노래를 부른다. 아이들이 몸과 목소리를 사용해서 강약을 표현하며 부르는 노래 한 곡은 그 어떤 광고 카피 문구보다 인상 깊은 음악학원 광고였다.

강사 양성 과정 중 강의법 연수를 진행하다 보면 정말 다양한 강사를 경험하게 된다. 목소리가 너무 작아서 온 집중을 요하게 하는 강사도 있고, 목소리가 너무 커서 귀가 울려 강의 집중을 어렵게 하는 강사도 있다. 목소리 톤이 너무 높아서 긴장감을 주는 강사도 있고, 목소리 톤이 너무 낮아서 졸리게 하는 강사도 있다. 말의 속도가 너무 빠르다 못해 급해 불안함을 느끼게 하는 강사도 있고, 말의 속도가 너무 느려서 강의가 지루하게 느껴지는 강사도 있다. 목소리만으로 강의의 질을 떨어트리는 강사가 생각보다 많다.

대중 앞에 서는 강사라면 편안하고 안정된 강의로 청중을 이끌 수 있어야 한다. 강의 시작인 도입 단계에서는 부드럽고 편안한 목소리로 청중과 신뢰를 쌓아야 한다. 강의의 중반부인 전개 단계에서는 목소리의 높낮이, 빠르고 느림 등으로 내용에 맞게 목소리에 변화를 주는 것이 필요하다. 마무리 단계에서는 차분하면서 낮고 명료한 목소리로 내용을 정리하고, 강의 전체 내용의 분위기와 어울리는 목소리로 마무리해야 청중에게 깊은 인상을 남길 수 있다.

 아나운서는 사실과 정보를 전달하기 때문에 목소리의 변화가 없어야 하고 감정도 빼야 한다. 그래야 사실과 정보를 있는 그대로 전달할 수 있다. 그러나 강사는 단순 정보나 사실을 전달하는 사람이 아니기에 목소리에 변화를 줄 수 있어야 한다. 강의 내용을 효과적으로 전달하고 청중의 흥미를 유발하기 위해서 강의 내용에 따라 목소리를 다르게 써 보자.

3. 이 강의 들을까, 말까? '강사 소개'가 결정한다

강사의 전문성이 1분 안에 결정된다면 청중은 이 강의를 들을지 말지 5분 안에 결정한다. 결정에 가장 큰 영향을 미치는 것은 바로 '강사 소개'이다.

#연결하라

강사 소개의 핵심은 '주제와 연결' 또는 '청중과 연결'이다. 강사 소개에서 초보 강사들이 실수하는 것 중 하나가 자신이 가지고 있는 모든 자격증과 수료 내용, 강의 이력을 슬라이드 한 장에 빼곡하게 적는 것이다. 강사 소개는 간결하면서 임팩트 있어야 한다. 너무 많은 이력을 늘어놓으면 눈에 다 들어오지도 않을뿐더러 핵심이 흐트러진다. 강사의 전문성을 드러내려는 의도였겠지만 통일되지 않은 늘어놓기식 강사소개는 오히려 전문성이 떨어져 보인다.

강사 소개는 강의 주제와 연결되거나 청중과 연관 있는 임팩트 있는 핵심 이력 한두 가지면 충분하다. 이렇다 할 핵심 이력이 없을 때는 '숫자'를 활용하는 것도 방법이다. 부모 교육 50시간, 청소년 상담 100시간, 부부 코칭 100회 등의 숫자는 강력한 인상을 남긴다. 간혹 강사 이력을 ppt에는 넣기만 하고 언급하시 않고 그냥 넘어가는 경우가 있는데 강사 소개 시 지나친 겸손은 금물이다. 시간을 내서 강의를 들으러 온 청중에게 '전문성 있는 강사가 진행하는 강의'라는 어필은 필요하다.

강사 양성 과정을 진행할 때 굉장히 반응이 좋았던 강사 소개가 있었다. 교직을 은퇴하고 강사로 제2의 삶을 계획하고 있는 분이었다. 부모교육 강의에서 청중과 연결한 강사 소개를 보여 줬다.

'엄마 25년, 교사 30년, 제자 9,000명'

강사 사진 밑에 여러 명의 아이들과 활짝 웃고 있는 사진은 강의장의 분위기를 확 바꿔 놓았다. 청중과 연결되면서 강사의 전문성과 진정성, 그리고 따뜻함을 한 번에 느낄 수 있는 강사 소개였다.

반면 강사 소개 후 분위기가 냉랭해진 강사도 있었다. 이분도 교직에 있던 분이었는데 담당 교과가 영어였다고 하면서 강사 소개를 영어로 하였다. 강사 소개가 끝나자 청중석이 조심스러울 정도로 조용했다. 냉랭해진 청중의 반응을 이끌어 내기 위해 애쓰던 강사의 모습이 안타까웠다. 청중은 잘 알아듣지 못하는 영어가 나오자 강사와 거리감이 느껴졌을 것이다. 그렇게 청중과 강사 사이에 보이지 않는 벽이 생겼고, 청중은 쉽게 마음을 열지 않았다. 이 강사 소개에서 가장 크게 놓친 것은 바로 '청중과의 연결'이다. '영어'와 '부모'인 청중은 연결점이 없다. 그리고 앉아 있는 청중 중 몇 명이나 영어 소개를 알아들었을까? 청중은 배려받지 못한 마음도 들었을 것이다. 어쩌면 그 이상의 부정적인 감정을 느꼈을 수도 있다. 강사 소개 후 냉랭해진 청중의 반응이 말해 주고 있다.

#강사 사진 = 전문성 + 호감

강사 소개 ppt에서 청중의 시선이 가장 먼저 향하는 곳은 사진이다. 사진은 전문성이 느껴져야 한다. 청중에게 자연스러운 이미지로 다가가겠다는 의도로 여행 가서 찍은 사진이나 일상 사진을 넣는 경우가 있는데, 이는 강사의 전문성을 떨어트린다. 오래된 증명사진도 피한다. 대중 앞에 서는 한 분야의 전문 강사라면 전문성이 드러나야 한다. 좋은 인상을 주면서 전문성이 느껴지면 가장 좋다. 프로필 사진을 전문으로 찍는 곳에서 전문가의 손길을 빌려 보자. 단, 지나친 포토샵으로 실물과 다르게 느껴지는 사진은 신뢰감을 떨어트릴 수 있으니 욕심을 조금 내려놓자.

자신의 피부 톤에 맞는 퍼스널 컬러를 알아보고 의상을 준비하기를 제안한다. 색상에 따라 인상이 달라 보인다. 자신에게 어울리지 않은 색상은 자칫 아파 보이거나 인상이 어두워 보일 수 있다. 사진 찍을 때뿐만 아니라 평소 강의를 하러 다닐 때 의상 컬러 선택에 많은 도움이 되니 퍼스널 컬러도 알아 두자. 나에게 어울리는 컬러 하나로 좋은 인상과 신뢰감을 줄 수 있다.

#강의의 핵심 에센스를 언급하라

강사 소개를 하면서 청중에게 전달해야 할 부분 중 하나가 바로 강의 주제에 관한 내용이다. 즉, 강사의 전문성이 드러난 이력이 오늘 청중이 들을 강의 주제와 연결되어야 한다. 기대감을 가지고 온 청중에게 강의의 핵심 에센스를 한 줄로 짧고 굵게 언급해 준다. 청중의 기대감을 강의 초반에 충족시켜 줄 수 있을 때 청중은 강의에 몰입한다.

#청중이 갖게 될 이익을 알려 줘라

"오늘 강의를 듣고 나면 최소한 두 가지는 가져가실 수 있을 겁니다. 스트레스를 과학적으로 관리할 수 있는 방법, 상처받지 않고 상처 주지 않는 대화 스킬. 이 두 가지를 여러분의 삶 안에서 필요하다고 느낄 때 꺼내 쓰실 수 있도록 제가 준비한 것을 잘 전달드리도록 하겠습니다."

강의를 통해 청중이 무엇을 얻어 갈 수 있는지 청중의 이익을 언급해 준다. 청중의 눈이 반짝반짝 빛나는 것을 볼 수 있을 것이다. 동기 부여가 되면서 강의에 온전히 집중하게 된다.

청중은 강사 소개에서 이 강의를 들을지 말지를 결정한다. '이런 사람이 이런 내용을 얘기한다면 들어 봐야겠는걸' 하며 마음을 열기도 하고, '잘난 놈 하나 왔네' 하며 마음의 문을 닫기도 한다. 강사 소개는 '콘텐츠와 연결'되거나 '청중과 연결'되는 내용으로 청중에 대한 존중과 배려 또한 잊지 말자.

#강사 소개 사례

모 기업에 출강할 때의 일이다. 제약, 화장품, 생활용품, 제과, 문구 등 일상생활에서 많이 사용되고 있는 산업용지와 식품용지를 전문으로 생산하는 용지 전문 기업이었다. 대상자는 경력 15년 이상의 각 분야의 전문가인 승진자 약 60여 명이다. 스트레스 관리와 커뮤니케이션 스킬을 4시간에 걸쳐 진행하는 강의였다. 경력만큼이나 많은 강의를 들어 보았을 것이다. 조금 더 인상 깊은 강사 소개를 위해 기업 홈페이지에 접속했다.

워낙 유명한 기업이다 보니 내가 사용하고 있는 제품들이 많았다. 화장실 휴지부터 미용 티슈, 물티슈, 마스크 등 기업의 제품을 사용하는 내 모습을 사진에 담았다. 강사 사진과 더불어 제품을 사용하고 있는 사진을 강사 소개 ppt에 삽입하였다.

〈기업 및 대상자 정보〉

■ 회사명: ○○기업
■ 일   시: ○○년 ○○월 ○○일(○요일), 오후 13:00 ~ 17:00(4H)
■ 대상자: ○○년 승진자(총 60명)
■ 장   소: □□타워 4층, △△홀 / 주소) 서울 **구 **로
■ 주   제: (스트레스 관리와 커뮤니케이션) "마음이 통해야 일이 통한다"

■ 체크 및 확인 사항
- 경력 15년 이상
- 대부분 40대 / 모두 남성
- 점심 식사 이후 시간
- 주차 가능

** 주의사항 **
- 높은 경력
- 많은 강의와 강사를 접해 보았을 것으로 예상됨
- 강사 소개, 스팟, 강의 구성 등 새로움이 필요

"안녕하세요, 저는 오늘 아침 화장실에서 ○○화장지로 뒤처리를 하고, □□티슈로 화장을 마치고, △△물티슈로 자동차 핸들을 닦고, 코로나와 미세먼지에서 나를 지키기 위해 ◇◇마스크를 쓰고 온 신정민 강사입니다."

강사 소개를 마치자 큰 박수와 함성이 나왔다. 이어서 준비한 기업의 연도별 TV 광고를 보여 주면서 퀴즈를 진행하였다. 퀴즈를 맞히려고 서로 손을 드는 모습은 어린아이처럼 신나 보였다. 그리고 강의는 대성공이었다. 교육 담당자는 지금까지 교육 진행하면서 이런 반응은 처음이라며 굉장히 흡족해 했다. 강의를 마치고 나올 때 청중들이 강사에게 전하는 메시지는 보통 '강의 잘 들었다', '좋은 강의였다'이다. 그런데 이번에는 조금 달랐다.

"(활짝 웃으시며) 강사님 우리 같은 세대인 것 같은데요~ 하하."

"(화장지를 건네시며) 강사님 이번에 새로 나온 ○○화장지가 좀 더 부드러워요. 가격은 비슷해요."

"(마스크를 건네시며) 강사님~ 코로나와 미세먼지에 강한 ◇◇마스크입니다~"

"(샌드위치와 물티슈를 건네시며) 강사님~ 샌드위치 드시고 이걸로 손 닦으세요~"

테이블 위에 놓여 있던 휴지와 마스크, 물티슈를 챙겨 주시며 건네신 말이 참 친근하게 느껴졌다. 강의 시작 부분에서 확보된 친밀감 덕분이지 않았을까 한다. 기업에 대한 깊은 관심과 청중에 대한 충분한 이해, 그리고 그 부분을 강의와 연결한 강사 소개가 빛난 강의였다.

4. 청중의 마음을 헤아리는 강사의 공감력

　어엿한 강사가 된 세란이는 공감이 제일 어렵다고 했다. 수강생들이 어렵다는 말을 할 때 나름대로 공감을 한다고 하는데 수강생들의 표정은 그저 그렇다는 것이다. 맞다. 공감은 참 쉽지 않다. '그 마음 제가 알아요, 당신의 그런 마음을 저도 느끼고 있어요'를 상대에게 전달하는 게 쉽지가 않다.
　"공감을 어떻게 했는데?"
　"저~~ 엉~~~~ 말 쉽지 않죠? 지~~ 인~~ 짜 어렵죠? 그래도 그 정도면 잘하신 거예요. 이렇게?"
　"반응이 어땠어?"
　"시큰둥?"
　공감을 어려워하는 세란이에게 오바마 대통령의 영상을 보여 줬다.

#대통령의 공감력

　2015년 미국 사우스캐롤라이나주 찰스턴의 한 교회에서 총기 난사 사건이 발생했다. 이 사건으로 9명이 사망했다. 찰스턴 교회 총격 사건은 전국적인 항의를 불러일으켰고 총기 규제, 증오범죄, 미국 내 인종 차별의 지속성에 대한 논쟁을 다시 촉발시켰다. 이 사건 이후 희생자를 기리는 장례식에 참석한 버락 오바마 대통령의 연설이 사람들 사이에서 명연설로 회자되었다.

오바마 대통령은 추모 연설 도중 몇 초간 말을 멈췄다. 그리고 들려오는 노랫소리. 흑인들의 영가이며 찬송가이기도 한 '어메이징 그레이스(Amazing Grace)'였다. 대통령이 노래를 할지는 아무도 몰랐다. 그러나 참석자들은 이내 대통령의 뜻이 무엇인지 알았고 교회는 노랫소리로 가득 찼다. 추모객들은 울고, 웃으며 함께 '어메이징 그레이스(Amazing Grace)'를 불렀다. 오바마 대통령은 추모 연설 말미에는 희생된 9명의 이름을 한 명 한 명 언급하며 은총을 빌어주었다.

대통령의 마음이 담긴 추모연설은 미국 국민들이 총기 사용과 증오범죄, 인종 차별에 대해 조금 더 진지하게 생각해 보게 했을 것이다. 작은 것일지라도 노력하고 변화를 다짐하게 했을 것이다. 그렇게 사람들은 안전과 신뢰라는 기대를 할 수 있게 된다. 그리고 사회는 긍정적으로 방향을 틀게 될 것이다. 갑작스럽게 가족을 잃은 슬픔으로 가득 차 있을 유가족들에게는 이런 변화야말로 가장 큰 위로일 거다.

공감은 힘이 세다. 생각을 바꾸고 행동을 변화시키기 때문이다. 진심 어린 공감은 깊은 위로가 된다. 치유되고 회복되며 가슴에 새겨진다. 내가 살고 싶은 세상, 내가 살고 싶은 사회의 변화의 중심에 서게 한다. 그리고 성장하는 인간으로, 성숙한 어른으로 사회에 기여하게 된다. 대통령의 노래는 많은 사람들에게 깊은 울림을 주었다. 진심으로 공감하는 마음에서 부른 노래라는 것이 느껴졌을 것이다. 오바마 대통령이 보여 준 공감은 그 어떤 말보다 힘이 센, 성숙한 '어른의 공감'이었다.

#공감력을 키워 주는 감정 일기

드라마 〈슬기로운 의사생활〉 중 이런 장면이 있었다. 한 보호자가 간호사와 인턴에게 찾아와 부탁했는데 왜 빨리 봐 주지 않느냐고 따졌다. 작은 것도 꼼꼼히 살펴 주고 더 많이 들여다봐 주기를 요구했다. 담당 의사에게는 수술 전날은 절대 술 마시면 안 되고 일찍 들어가 자라는 말도 한다. 그때 담당 의사는 '알겠다, 그렇게 하겠다'라고만 대답했다. 이후 수술이 잘 되고 그 보호자가 그때는 미안했다는 말과 함께 떡을 돌렸고 담당 의사와 인턴은 떡을 먹으며 이런 대화를 나눴다.

> 인턴: 그 보호자분 좀 미웠어요.
> 교수: 여기는 3차 병원이야. 환자가 여기까지 왔다는 건 더는 없다는 뜻이야. 우리한테는 매일 있는 일이지만 환자들한텐 인생에서 가장 큰일이고 그런 순간에 우리를 만나는 거야. 동생은 아픈데 나는 B형 감염이라 이식을 못 해 주고, 육십이 넘으신 아버지가 자기 대신 수술대 오르게 됐는데 나라도 예민해지지.
> 환자 가족들이 아무것도 모를 거라고 생각하지 마. 다 알아.
> 우리 역시 그런 상황에 놓이면 그들과 크게 다르지 않을 거야.
> 인턴: 저도 우리 엄마 살려 달라고 선생님들 찾아가서 따지고 울고 그랬었는데 벌써 잊었어요….

공감을 받아 본 사람은 공감의 위력을 안다. 그래서 진심 어린 공감을 받아 본 사람만이 진심 어린 공감을 할 수 있다. "속상하실 것 같아요."라고 말했을 때와, "잠도 잘 못 주무셨을 것 같아요. 걱정 많이 되시죠? 속상하실 것 같아요."라고 말했을 때 상대가 느끼게 되는 공감의 정도가 다르다 '그런 일로 당신이 어떤 마음이었을지, 그래서 어떤 하루하루를 보냈을지 제가 다는 모르지만 이렇게 힘드셨을 것 같습니다'의 헤아림이 담겨 있기에 상대가 받는 공감의 정도가 훨씬 크다. '내가 이렇게 힘든데 당신이 그것을 알고 있구나'라는 생각이 들면서 크게 공감받은 기분이 든다. 진심 어린 공감을 받아 본 적 없다고 슬퍼할 것 없다. 내가 나를 진심으로 공감해 주면 된다. 내 마음 내가 제일 잘 아니까. 연습하자. 공감에도 연습이 필요하다. 연습하면 누구나 할 수 있다.

감정 일기는 나의 감정도 공감하면서, 타인의 감정도 공감할 수 있는 좋은 도구이다. 정해진 형식은 없다. 그저 감정을 느끼고 글로 쓰면 된다. 하루 중 좋았던 일에 대해 쓰는 것도 좋지만, 힘들었던 일에 대한 감정을 쓰는 것이 더 도움 된다. 미국 텍사스대학의 사회심리학자인 제임스 페니베이커 박사는 흥미로운 실험을 했다. 우선 건강한 성인을 두 그룹으로 나누었다. 그리고 첫 번째 그룹에게는 평범한 일상에 대한 글쓰기를, 두 번째 그룹에게는 하루 일과 중 힘들고 속상했던 사건에 대해 글쓰기를 하게 했다. 이후 두 그룹의 생체검사를 시행 후 상처 치유 속도를 비교하였다. 그 결과 힘들고 속상했던 일들을 글로 적었던 두 번째 그룹이 상처 치유 속도가 확연히 빨랐다. 병원을 찾는 횟수도 43%가량 적었다. 마음은 물론 육체적으로도 건강해진 것이다. 글쓰기의 치유효과는 덤이다.

강사는 청중의 마음을 헤아리고 공감할 수 있어야 한다. 강사는 지식이나 정보를 전달하는 단순 전달자가 아니다. 거듭 말하지만 지식과 정보는 널려 있다. 청중이 강의를 통해 얻고자 하는 것은 지식과 정보가 아니다. 강의를 들으러 왔는데 강사가 나의 마음을 알아준다면 청중은 어떤 마음이 들까? 견디기 힘들었던 시간, 마음 아프고 속상했음을 인정해 준다면 어떤 마음이 들까? 위로받고, 공감받고, 치유되는 느낌이 들 것이다. 과거의 상처와 아픔에서 벗어나 조금 더 나다운 현재를 살아가고, 바라던 미래로 갈 수 있는 힘이 생기게 될 것이다.

감정 일기를 꾸준히 쓰면 공감력이 향상된다. 그러면 진심으로 깊은 공감을 할 수 있게 되고, 청중은 위로받고 감동하게 된다. 추모 연설에서 오바마 대통령이 '어메이징 그레이스'를 부르고 함께한 사람들이 한마음으로 노래를 따라 불렀던 것처럼 말이다. 공감력 있는 강사가 되기 위해 감정 일기를 써 보자.

'오늘 하루 당신은 어떤 힘든 일이 있었나요? 그때 어떤 감정이었나요?'

5. 청중의 마음을 움직이는 강사의 소통력

"언니, 처음 시작할 때는 인원이 20명이었거든요? 근데 갈수록 늦게 오시는 분도 계시고 빠지는 분도 계시고… 지금은 8명 정도밖에 안 돼요…."

"음 그렇구나. 좀 걱정되는 것 같은데, 네가 생각할 때 원인이 뭔 거 같아?"

"글쎄요…. 내가 강의를 잘 못하나…? 바쁘신가…?"

"소규모 다회기 강의에서는 수강생들과 소통하는 게 정말 중요해. 어떻게 소통하느냐에 따라 수강생이 늘기도 하고 줄기도 해. 다음 분기 강의가 폐강되기도 하고 한 클래스 더 늘기도 하고."

"소통요…? 어떻게 해야 돼요…? 사실… 남은 여덟 분도 다음 시간에 안 오실까 봐 걱정이에요…."

"많이 걱정되지? 괜찮아. 지금은 떠나간 12명을 보지 말고, 남은 8명을 봐. 어쨌든 그분들은 너의 강의가 좋아서 오시는 분들이니까. 소통할 때 가장 기본적으로 중요한 게 뭔 거 같아?"

#강사의 소통 능력

"갑자기 화면이 꺼져서 놀라셨지요? 화면 열심히 보고 있었는데 순간 깜짝 놀라셨을 것 같아요. 선생님 표정이 정말 놀라신 것 같아요. 괜찮으세요?"

강의를 하다 보면 갑자기 화면이 꺼지는 경우가 심심치 않게 있다. 청중도 강사도 당황하는 순간이다. 화면이 꺼지면 일단 집중이 깨진다. 강의의 흐름이 깨지는 것은 물론이다. 청중은 어떻게 해야 할지 몰라 강의장은 금세 웅성웅성해진다. 이때 필요한 것은 공감력과 안정성이 합쳐진 강사의 소통력이다. 이 당황되는 순간을 소통의 장으로 만들 수도 있다. 먼저 천천히 호흡하면서 안정성을 확보한다. 그리고 놀랐을 청중의 마음을 공감해 준다. 이어서 이 장의 리더인 강사가 편안하고 부드럽게 여유 있는 모습으로 청중을 리드하면 된다.

"화면이 꺼진 김에 잠깐 기지개 한번 켤까요? 네 좋습니다. 옆 짝꿍과 인사도 한번 나눠 볼까요? 저는 그 사이 화면이 다시 나올 수 있도록 시도해 보겠습니다. 잘될 겁니다."

미안하다, 죄송하다는 말 대신 청중을 안심시키고, 작은 활동을 제안하여 긴장을 낮추는 것도 좋은 방법이다. 그리고 빠르게 조치를 취한다. 다년간의 강의 경험으로 웬만한 강의 시스템 세팅은 막힘없이 하는 편이다. 시스템 담당자가 세팅할 때 눈여겨봐 두면 도움이 된다. 그런데 그날따라 복구가 어려웠다. 이것저것 시도해 보고 있는데, 청중 한 분이 오셔서 도움을 주셨다. 강의장에 들어와 제일 먼저 눈이 마주쳤고, 반갑게 인사를 나눴던 분이다 청중 한 분은 언제 나가셨는지 시스템 담당자와 함께 들어오셨다. 대답을 정말 잘해 주셔서 감사를 전했던 분이다. 기다리면서 청중을 살폈다. 옆 짝꿍과 이야기를 주고받으며 분위기가 괜찮았다. 짝꿍과 이야기를 나누던 두 분이 초콜릿과 커피를 건네셨다. 강의 중 호응을 정말 잘해 주셔서 눈빛과 제스처로 감사를 전했던 두 분이다.

"기다려 주셔서 고맙습니다. 기다려 주신 덕분에 다시 화면이 잘 나옵니다. 선생님께서 도와주시고 또 선생님께서 담당자를 불러와 주신 덕분에 더 빨리 복구된 것 같아요. 덕분입니다. 고맙습니다. 선생님, 제가 커피와 달달한 게 딱 필요했는데 정말 고맙습니다. 커피 향이 정말 좋아요. 잘 먹을게요."

노고를 인정해 드리고 반드시 감사함을 전한다. 짝꿍과 이야기 나눠 본 것도 그냥 넘어가지 않고 언급하여 청중이 보낸 시간을 의미 있는 시간으로 만들어 준다.

"짝꿍과 얘기 많이 나누셨어요? 짝꿍 어디서 왔대요?"
"서산이요~"
"서산, 멀리서 오셨네요. 선생님, 아침에 몇 시에 출발하셨어요?"
"7시에 출발했어요."
"와~ 그럼 6시에는 일어나셨겠어요. 피곤하진 않으세요?"
"네, 괜찮습니다~"
"우리 짝꿍은 서산보다 더 멀리서 왔다, 하시는 분 계세요?"

이렇게 청중과 함께 소통하며 이야기를 나누면 청중은 강사와 한편이 된 기분을 느낀다. 긍정성과 친밀감이 생겨 강사가 조금 더 가깝게 느껴진다. 이것이 정서적 연결감이다. 이는 마치 강의장에 있는 우리 모두가 한마음 한 뜻이 된 듯한 기분이다. 이렇게 하는 데 1~2분이면 충분하다. 강의의 흐름이 끊긴 돌발 상황이었지만 어떻게 대처하느냐에 따라 오히려 청중과 더 연결되고 가까워질 수 있다. 강사의 소통력이 빛나는 순간이다.

강의 중 화면이 꺼지거나 멈춰 버리는 상황에서 시스템 복구에 집중하느라 청중을 그냥 방치한 채로 소통을 놓치는 경우가 많다. 초보 강사라면 진땀 나는 순간이다. 하지만 강사는 어떠한 상황에서도 담담함을 유지하며 소통할 수 있어야 한다. 청중과의 소통, 시스템 복구, 두 마리 토끼를 다 잡을 수 있어야 한다.

#소통을 막는 소외감

가수 이문세 씨는 자신의 콘서트에서 맨 마지막 자리에 앉아 있는 팬에게 꽃다발을 선물한다. 무대에서 가장 먼 거리에 있는 팬이 소외되지 않게 애써 챙기는 그의 진심 어린 마음이 다른 팬들에게도 전해질 것이다.

"어디에서 왔어요? 와~ 멀리서 왔네요. 티켓 언제 샀어요? 아, 그때까지 제 표가 남아 있었어요?"

유머까지 섞어 가며 자신의 티켓을 마지막으로 사 준 팬에게 잊지 못할 추억을 선물한다. 자신이 좋아하는 가수가 혹시 소외감을 느낄지 모를 마음까지 챙겨 준다면 그 팬은 어떤 마음이 들까? '다음 콘서트에는 꼭 앞자리에 앉아야지' 하는 마음이 들지 않을까? 이것을 지켜보는 나머지 팬들은 어떤 마음이 들까? 가수를 향한 팬의 마음이 더 확고해지지 않을까?

강의에 온 모든 청중을 다 챙기며 소통하는 것은 결코 쉬운 일이 아니다. 중요한 것은 소외되거나 서운하지 않게 하는 것이다. 강의장의 앞, 뒤, 좌, 우를 살피며 청중에게 공평하게 시선을 줘야 한다. 눈을 맞추며 구어적, 비구어적으로 소통하는 것이 중요하다. 앞쪽에 있는 청중하고만 소통하면 뒤쪽에 있는 청중은 소외감과 서운함을 느낀다. 소외감을 느낀 순간 청중은 강의를 안 듣는다. 대놓고 핸드폰을 하는 등 강의를 안 듣고 있다는 표현을 노골적으로 하는 청중도 있다.

강의를 하다 보면 입 모양으로 대답을 해 주거나, 공감의 표시로 끄덕끄덕해 주거나, 강의에 호응해 주기 위해 좋은 표정을 지어 주는 분들이 계신다. 강의 중 한 분 한 분께 감사의 말을 전하기는 어렵지만, 비구어적으로라도 감사의 표현을 꼭 한다. 손 하트, 엄지척, 목례, 눈을 맞추며 함께 고개를 끄덕이기, 표정에도 감사를 담는다. '보내 주시는 마음 고맙습니다'의 뜻이다. 청중은 어떤 마음이 들까? 짧은 순간이지만 소외감이 아닌 함께하고 있다는 마음과, 서운함이 아닌 존중받는 느낌을 받게 된다.

이렇게 작게나마 마음을 전할 때 청중은 강사에게 마음이 열린다. 혹시 강사가 실수를 하더라도 너그럽게 눈감아 준다. 강사의 감사가 담긴 구어적, 비구어적 소통에 너그러워진 것이다. 청중을 배려하고 존중하는 강사의 마음은 어떤 식으로든 전달된다. 강의 경험이 쌓일수록 강사의 소통력도 향상된다. 강사의 소통력은 특히 다회기 강의에서는 정말 중요하다. 소외감이나 서운함은 생각보다 오래간다. 마음이 상했기 때문이다.

#마음을 움직이는 가장 강력한 소통 기술

 3시간씩 5회기로 진행되는 교사 연수 프로그램이었다. 선생님들 퇴근 후 바로 진행되는 강의라 연수원에서 저녁 식사로 간단하게 샌드위치를 준비해 준다. 식사도 못 하고 하루 종일 피곤하셨을 텐데 집으로 가지 않고 서둘러 강의장으로 오시는 선생님들. 선생님들을 생각하며 샌드위치와 함께 먹을 구운 계란과 제철 과일을 준비해 갔다.
 "계란과 과일은 강사님이 준비해 오신 겁니다~"
 연수 담당자의 말에 선생님들은 깜짝 놀라셨다. 다회기 강의를 진행할 때는 간식을 준비한다. 강의 전날 강의에 오실 분들을 떠올리며 고맙고 감사한 마음을 담는다. 식사도 제대로 못 하시면서 강의에 와 주신 것에 대한 감사함과, 조금이라도 식사를 잘 하셨으면 하는 마음이다. 판매하는 것을 구입해서 가져갈 수도 있지만 정성을 담고 싶어 손수 준비한다. 맛있게 드시는 모습을 보면 괜히 뿌듯하고 기분이 좋다.

 선생님 한 분이 다 같이 나눠 먹자며 미숫가루를 준비해 오셨다.

그다음 회기에는 젊은 선생님 두 분이 함께 준비했다며 설탕에 잰 토마토와 참외를 내놓으셨다. 여기저기서 초콜릿과 껌, 차(tea)를 꺼내셨다. 다 같이 모여 식사하는 이 시간, 선생님들의 표정이 참 밝고 좋았다. 마지막 회기는 거의 잔칫집 분위기였다. 한 선생님이 자주 가는 전집이 있는데 함께 나눠 먹고 싶어서 전을 맞춰서 시간에 맞게 배달을 받아 가져오셨다고 한다. 한 남자 선생님은 돌쟁이 아들이 주말에 돌잔치를 한다며 돌떡을 돌리셨다. 많은 분들과 나눠 먹어서 아이가 건강하게 잘 자랄 것 같다는 말씀도 하셨다. 나이가 가장 많았던 선생님은 자신의 텃밭에서 키운 것들이라며 토마토, 파프리카, 당근을 썰어 오셨다. 그때 한 남자 선생님이 산타 모자를 쓰고 빨간 산타 주머니를 어깨에 메고 들어오셨다. 산타가 되고 싶었다고 했다. 산타 주머니에는 빵이 한가득 있었다. 선생님은 조금 쑥스러워하며 선생님들에게 직접 빵을 하나씩 나눠 주셨다. 인연이 된 것에 감사하다는 말씀과 함께.

강의를 마치고 피드백 시간에 산타 선생님이 조심스럽게 입을 떼셨다.

"사실은 어젯밤에 빵을 준비하면서 여러 가지 생각이 들었습니다. 빵을 마음에 안 들어 하면 어쩌나? 쑥스러운데 하지 말까? 그런데, 그래도 해야겠다는 마음이 들었습니다. 5회기 동안 제가 선생님들께 받은 게 너무 많았어요. 그래서 저도 드리고 싶었습니다. 그래서 용기 내 보았습니다."

선생님의 묵직한 목소리에서 작은 떨림이 느껴졌다. 선생님의 음성에서 진실함이 느껴졌다. 선생님의 마음과 용기가 감동으로 전해졌다. 그래서였을까? 여기저기서 눈물을 훔치는 분들의 모습이 보였다. 강의가 끝났음에도 아쉬움에 발길을 떼지 못하고 한참이나 강의장에 머무셨다.

누군가의 베풂에 고마워하고 그 고마운 마음에 보답하려는 마음이 이어졌다. 상대를 향한 호감과 존중, 감사와 배려가 담긴 좋은 마음이 배가 되어 돌아오고 또다시 몇 배가 되어 더 크게 돌아왔다. 우리가 소통을 통해 배워야 할 것이 바로 이런 것이 아닐까 한다. 그렇게 오고 가는 마음 속에서 충만해짐을 느꼈다. 좋은 마음으로 서로를 존중하고 감사를 표하는 것은 그 어떤 강의보다 영향력이 크다. 상대를 향한 진심이 담긴 호감, 존중, 감사, 배려는 서로의 마음을 움직이는 가장 강력한 소통이다.

6. 강의를 끌고 가는 힘! 강사력

강사력이란 무엇일까? 그 어떤 상황에서도 강의를 성공적으로 끌고 가는 강사의 능력, 이것이 바로 강사력이다. 강의 준비부터 전달, 마무리까지 강의의 전반적인 것을 모두 아우를 수 있어야 한다. 강사는 청중에게 콘텐츠를 전달하는 좋은 도구이다. '나'라는 도구를 통해 콘텐츠가 재해석되고 청중에게 울림으로, 따뜻함으로, 명쾌함으로, 통찰로 다가가게 된다. 어떻게 하면 강사력을 갖춘 강사가 될 수 있을까? 완벽함, 유연함, 심금 이 세 가지를 갖추면 된다.

#강사력을 위한 3가지

첫 번째, 완벽하게 준비하라.

강의 구성부터 콘텐츠, 전달 방법에 대한 고민까지 강의의 A부터 Z까지의 완벽하게 준비한다. 완벽하게 준비한다는 것은 완벽하게 전달하라는 의미는 아니다. 완벽한 강의는 없다. 완벽해야 한다는 것은 심리학에서는 비합리적 신념이라고 한다. 이 비합리적 신념이 우울을 야기한다. 또한 완벽주의에서 불안과 강박이 생겨나기도 한다. '지난번처럼 반응이 없으면 어쩌지', '이번에도 실수하면 어쩌지' 이런 불안함에 긴장되고 경직된다. 그러면 준비한 내용을 잘 전달하기 어렵다. 완벽하게 준비하라는 이유는, 완벽하게 준비했을 때 불안과 걱정이 줄어들기 때문이다. 완벽하게 준비했을 때만이 자신 있게 강의할 수 있다. 완벽하게 준비했을 때 스스로 만족할 수 있는 강의를 할 수 있다. 완벽하게 준비하면, 그 어떤 돌발 상황에도 유연하게 대처할 수 있다. 유연한 대처는 완벽한 준비의 저력에서 나온다. 강의의 시작부터 끝까지 머릿속으로 선명하게 시뮬레이션하면서 준비하자. 놓치는 것 없이 완벽하게 준비할 수 있다.

  홈쇼핑 쇼호스트로 일찍이 억대 연봉을 받은 명품 전문 쇼호스트가 있다. 그가 억대 연봉을 받고, 명품만 전문으로 판매하게 된 데에는 그만한 이유가 분명히 있을 것이다. 그는 물건을 판매하기 전 몇 날 며칠을 직접 사용해 보는 것은 물론, 그 물건을 완벽하게 파헤쳐 본다. 명품 가방을 가위로 오려 가죽의 두께는 어떤지, 박음질은 어떻게 되어 있는지, 내피와 겉피가 무엇이 다른지 그야말로 속속들이 파헤친다. 제품의 장점과 단점에 대해 물건을 만든 사람 못지않게 알고 있다. 가위로 오리고 제품의 구석구석까지 파헤친 명품 가방이 100개가 넘는다고 한다. 그렇게 그는 명품에 대한 이해도가 완벽에 가까웠고 믿고 사는 명품 전문 쇼호스트로 자리 잡았다.

  두 번째, 유연하게 전달하라.
  강사 양성 과정에서 최종 강의 심사를 진행할 때의 일이다. 커뮤니케이션의 주제로 강의를 진행하던 강사가 갑자기 당황한 표정이었다. 강의 준비를 할 때 예상했던 청중의 반응과 현장의 반응이 많이 달랐는지 당황한 기색이 역력했다. 순간 어찌할 바를 몰라 하다가 여전히 청중의 반응이 없자 당황한 강사는 자신이 가장 잘하는 강의법에 대한 내용을 꺼내기 시작했다. 결국 커뮤니케이션 강의가 강의법 강의로 마무리되었다.

  강사는 당황하면 자신이 가장 잘하는 것을 하게 된다. 당황하면 자신도 모르게 나온다. 만회하려는 마음이 앞서 유창하게 잘하는 자신 있는 부분에 대한 내용을 언급하는 것이다. 중요한 건 강사가 예측한 것과 청중의 반응이 다르다는 것을 청중은 모른다는 것이다. 즉, 청중은 강사가 실수했는지 모른다. 강사 자신만 아는 실수다. 청중은 강사가 실수했다는 것은 몰라도 강사가 당황했다는 것은 안다. 이때 필요한 것이 바로 유연함이다. 유연하다는 것은 한쪽으로 치우쳐 있지 않고 융통성이 있다, 부드럽고 연하다, 침착하고 여유가 있다는 뜻이다. 당황해서 어쩔 줄 몰라 하지 말고 상황을 객관적 시각으로 바라봐야 한다. 그리고 빠르게 여유를 되찾아 유연하게 넘겨야 한다. 유연함이 발휘될 때 완벽하게 준비한 강의보다 훨씬 더 좋은 강의를 할 수 있다.

  세 번째, 심금을 울려라.

  감명 깊은 노래나 연기를 볼 때 '심금을 울리다'라는 표현을 쓴다. 심금을 울리다는 '깨달음을 얻어 마음의 현을 울릴 만큼, 깊이 와닿았다'는 뜻이다. 강의도 마찬가지다. 지나치게 완벽하지도 지나치게 유연하지도 않아야 좋은 강의가 된다. 너무 완벽하면 여유가 없게 느껴지고 너무 유연하면 부족하게 느껴진다. 완벽함과 유연함이 어우러질 때 좋은 강의가 나온다. 깨달음을 얻어 마음의 현을 울릴 만큼 깊이 와 닿는 강의, 청중의 심금을 울리는 강의가 된다.

오케스트라 연주 시작 전 많은 악기들이 각자 소리를 내며 연습을 한다. 이때 나는 소리는 소음에 가깝다. 지휘가 시작되면 하나로 조율된 리듬과 소리가 나온다. 소음은 음악이 된다. 완벽하게 준비된 내용과 유연하게 전달하는 강사, 한결 부드러우며 강하고, 차분하지만 열정 있고, 진중하면서도 재미 가득한 적당한 온도의 심금을 울리는 강의는 하나로 조율된 음악과도 같다.

청중과 강의장 환경, 콘텐츠(강의 내용)와 강사, 이 모두가 조화롭게 조율을 이룰 때 좋은 강의가 된다. 하지만 그렇지 못한 상황에서 강사력은 더욱 빛난다. 어려운 상황임에도 불구하고 강의를 제대로 끌고 나가는 힘, 강의의 완성도를 조금씩 높여 결국에는 성공적으로 해내는 힘, 이것이 바로 강사력이다. 유능한 강사는 강의 내용 전체를 꿰고 있다. 그러면서 그 내용이 청중에게 어떻게 전달되고 있는지를 느끼고 볼 수 있는 시각을 가지고 있다. 동시에 자신이 강사로서 어떤 모습으로 어떤 말을 어떤 말을 하고 있는지 한 발 떨어져서 자신을 보는 객관적인 시각이 있다. 그뿐만 아니라, 지금 이곳에서 무슨 일이 일어나고 있는지 전체를 보는 시각도 있다. 마치 머리 위에서 내려다보는 듯한 이 세 가지 시각이 있어야 강사력을 갖춘 진짜 베테랑 강사라 할 수 있다.

7. 다, 당황하셨어요? 이럴 땐 이렇게!

    심리학자들은 실수를 효율적으로 이용할 수 있느냐 없느냐에 따라 실수를 대처하는 유형을 네 가지로 나눌 수 있다고 한다. 첫 번째는 실수에서 교훈을 찾아내지 못하는 유형이다. 이 유형은 같은 실수를 반복한다. 실수의 원인과 이유를 파악하고 다음에 실수로 이어지지 않도록 염두에 둬야 하는데 알아차리거나 원인을 파악하는 등의 노력을 하지 못하는 유형이다. 그러다 보니 실수가 반복된다. 두 번째는 실수에서 교훈을 찾아내 같은 실수를 반복하지 않는 유형이다. 하지만 실수 속에서 일련의 규칙성을 발견하지 못해 비슷한 실수를 반복한다. 세 번째는 실수 안에서 교훈과 규칙성을 찾아내 똑같은 실수를 다시 반복하지 않는 유형이다. 이보다 조금 더 높은 경지는 네 번째 유형인 자신이 범했던 실수는 물론 남들이 경험한 실수에서도 배우고 깨달아 실수를 줄여 나가는 사람들이다. 다른 사람의 경험을 거울 삼아 교훈을 자기 것으로 만들어 실수나 실패의 가치를 극대화한다.

#실수했을 때 대처 방법

    "강사님 강의 정말 좋았습니다. 잘 들었습니다. 그런데 제가 마음이 좀 아파요."

강의에 사용한 인물 이미지 자료가 문제였다. 그 인물은 자신이 평소 좋아하는 사람이라고 했다. 그런데 강의 흐름상 다소 부정적인 느낌을 주는 것 같아 마음이 아팠다고 했다. 그 말을 듣고 참 많은 생각을 했다. 그리고 그 이후로 인물 이미지 사용을 자제하고 있다. 강의 ppt에 이미지를 삽입할 때 청중의 입장에서 거부감이 들지는 않을지 한 번 더 생각한다. 인물 이미지 삽입이 필요할 때는 외국 이미지를 사용하거나 일러스트로 대체한다. 그때를 되짚어 보면 그 청중이 참 고맙다. 생각지도 못했던 부분이었고 아무도 말해 주지 않았다. 그 청중이 나에게 용기 내 말해 주지 않았다면 그 이미지를 계속 사용했을 것이다.

강사가 할 수 있는 여러 가지 크고 작은 실수들이 있다. 중요한 것은 실수를 어떻게 대하느냐이다. 나는 작은 실수가 생기면 여유 있게 유머로 가볍게 넘긴다. ppt에 오타가 있을 때에는 오타를 그대로, 오히려 더 또박또박 웃기게 읽어 버린다. 그러면 청중도 웃으며 가볍게 넘긴다. 오타나 같은 슬라이드가 반복되는 등의 작은 실수는 다음에 잘하면 되는 실수다. 대세에 지장을 주지 않기에 체크하고 다음으로 넘어가면 된다. 그런데 큰 실수는 얘기가 다르다. 강사만 아는 실수와 모두가 아는 실수 두 가지로 나눌 수 있는데, 먼저 강사만 아는 실수는 셀프 피드백을 거쳐 수정 보완한다. 모두가 아는 실수는 솔직함이 최선이다.

강의장에 도착해 노트북을 연결하고 있는데 아뿔싸! 노트북 커넥터가 들어 있는 파우치를 오전 강의장에 놓고 온 것이다. 노트북을 강의장 컴퓨터와 연결하여 노트북에 있는 프로그램을 보여 줘야 하는 강의였다. 강의장 컴퓨터와 노트북을 연결하는 커넥터가 없으니 지장이 컸다. 순간 아찔했다. 지인에게 상황을 설명했고 파우치를 가져다줄 수 있다고 했다. 우선 자료를 USB에 옮겨 강의장 컴퓨터로 강의를 시작했다. 프로그램을 진행해야 하는데 지인은 아직이었다. 청중에게 나의 실수를 솔직하게 말하고, 상황을 설명드렸다. 청중은 이해해 주셨고, 양해를 구해 노트북으로 진행하였다. 감사하게도 청중이 노트북 쪽으로 자리를 이동해 주었다. 작은 사이즈의 노트북을 30명이 넘는 어른이 보려니 답답했을 것이다.

강의를 마치고 청중에게 다시 한번 죄송하다는 말과 함께 오늘을 본으로 삼아 다른 강의에서는 이런 실수가 없도록 하겠다고 했다. 너그럽게 이해해 주시고 오히려 미소를 보내 주셔서 참 감사하다는 말도 전했다. 청중은 '괜찮다, 수고하셨다' 말씀해 주시면서 큰 박수를 보내 주셨다. 담당자도 강의 내용이 좋아서 청중들이 만족했으니 개의치 말라고 했다. 그날 이후 노트북 커넥터는 물론 여분의 USB와 포인터를 넣은 파우치를 하나 더 준비해 차에 넣어 두었다. 혹시 필요할지 모를 이런저런 준비물도 챙겨 트렁크에 준비해 두었다. 마음이 편안했다.

실수를 했을 때에는 실수를 인정하고 사과하고 같은 실수를 반복하지 않겠다고 말해야 한다. 그리고 그 말을 행동으로 옮겨야 한다. 같은 실수를 반복하지 않기 위해 더블 체크 해야 한다. 혹시 있을 만일의 사태까지 예측하고 대비할 수 있어야 한다. 그래야 실수를 줄여 나갈 수 있다.

#갑작스러운 상황이 발생했을 때

가수 싸이의 단독 콘서트가 열린 서울 잠실종합운동장 보조경기장. 팬들로 꽉 찬 콘서트장 조명에 갑자기 불이 붙는 화재 사고가 발생해 공연이 잠시 중단됐다.

"얼마나 불같이 놀았으면 정말로 불이 났네요."

싸이는 침착하게 대처하며, 놀랐을 팬들을 위한 유머도 잊지 않았다. 진행요원들은 신속하게 화재를 진압했다. 싸이는 화재가 진압되는 동안 관객들에게 무반주 라이브 무대를 선보였다. 콘서트장은 수많은 팬들로 가득했다. 자칫 인명 사고로 이어질 수 있는 상황을 싸이는 침착하고 의연하게 대처했다. 이날 인명사고는 발생하지 않았고 콘서트는 성공적으로 마무리되었다. 돌발 상황에도 유연하게 대처할 수 있으려면 평소 담담함을 유지하는 훈련을 해야 한다.

코로나가 막 시작되던 때, 대학교에서 강의를 하고 있었다. 강의 시작 약 20분 만에 조교가 앞문을 열고 들어왔다. 지금 수업 듣고 있는 학생 중 한 명의 기숙사 룸메이트가 확진이 되었다 했다. 강의를 중단하고 학생들은 바로 집과 기숙사로 가라고 했다. 학생들은 불안한지 우왕좌왕하고 있었다. 강의 시작한 지 불과 20분밖에 지나지 않아 마주한 상황이라 나도 적잖이 당황스러웠다. 그러나 학생들과 같이 당황하면서 우왕좌왕할 수는 없었다. 학생들의 걱정되고 불안한 마음을 먼저 알아줬다.

"여러분 좀 놀랐을 것 같아요. 코로나에 걸렸을까 봐 걱정도 될 것 같구요. 제 얘기 1분만 들어 주시겠어요?"

웅성거림이 조금씩 잦아들었다.

"전달받은 것처럼 우리 수업 듣는 학생 중 룸메이트가 확진이 되어 바로 수업을 종료하겠습니다. 그리고 여러분이 머무는 곳으로 가서 손을 깨끗이 씻고 마스크도 착용해서 여러분 자신을 안전하게 잘 지키기를 바랍니다."

그러자 한 학생이 말했다.

"강사님 멀리서 오셨는데 오늘 수업 못 하셔서 어떡해요?"

불안한 마음을 알아주자 고마운 마음이 들었는지 멀리서 온 나를 위해 한마디 해 줬다.

"그렇게 말해 줘서 고마워요. 저도 많이 아쉽지만 지금 상황에서는 학교의 지시를 따라야겠지요? 오늘 수업 내용을 자료로 공유해 드리겠습니다. 궁금한 부분 있으면 질문할 수 있도록 메일 주소도 남겨 드릴게요."

학생들은 조금 덜 불안해 보였다. 그리고 침착하게 강의실을 빠져나갔다.

만약 내가 서둘러 짐을 챙기고 부랴부랴 강의실을 나왔다면 어땠을까? 강의를 하다 보면 예측하기 어려운 여러 가지 돌발 상황들이 생긴다. 물론 그렇지 않은 경우가 훨씬 더 많다. 이렇게 갑작스러운 돌발 상황을 침착하고 차분하게 대처하여 강의를 마무리하는 것 또한 강사의 능력이다. 어떤 상황에서도 유연함과 담담함을 유지할 수 있는 2단계 방법을 소개한다.

1단계, 감정을 알아차린다. 앞서 '강사의 안정성'에서 언급했던 '감정 일기'가 감정을 알아차리는 데 많은 도움이 된다. 일기 쓰듯 오늘 내가 느낀 감정을 꾸준히 쓰다 보면 자신의 감정을 순간 알아차릴 수 있게 된다.

2단계, 천천히 고르게 호흡하며 조율한다. 부정적 감정을 느끼면 우리 몸은 스트레스 상황으로 인식하여 호흡이 가빠지거나 순간 호흡을 멈추고 있는 경우가 많다. 그러면 전두엽이 비활성화되면서 이성적인 사고와 판단이 어렵다. 돌발 상황을 제대로 대처하기 어려워진다. 잠깐 천천히 호흡하는 것만으로도 스트레스가 낮아지면서 감정이 중립 상태가 되고 이성적인 사고를 할 수 있게 된다. 평소 감정을 알아차리는 연습과 호흡으로 유연함과 담담함을 기를 수 있다. 꾸준히 노력하면 누구나 가능하다. 습관이 될 수 있도록 시간과 장소를 정해 놓고 연습하는 것이 좋다.

#질문이 들어왔을 때

강사로서 전문성을 조금 더 갖추기 위해 강의를 들으러 갔다. 많은 현직 강사들이 참여했고 배움의 열기는 뜨거웠다. 쉬는 시간이 지나고 다시 강의가 시작되었고 교수는 쉬는 시간에 있었던 일을 이야기했다.

"쉬는 시간에 ○○에 대한 질문이 있었고 답변해 주었는데 자신이 알고 있는 것과 다르다는 말을 했어요. 여러분, 제가 그 사람보다 더 많이 알까요 그 사람이 저보다 더 많이 알까요?"

질문자는 그 순간 경멸 이상의 기분과 엄청난 분노가 느껴져 자리를 박차고 나가고 싶었다고 한다. 그리고 그는 강의가 끝나자마자 뒤도 돌아보지 않고 강의장을 나갔다. 이후 몇몇의 사람들이 그 질문에 대한 답을 찾아 보았고, 질문자가 알고 있는 게 맞다는 사실을 알게 되었다. 다음 강의에서 한 청중이 이 사실을 말했고 교수는 반문했다. 그러자 다른 청중이 잘못 알고 있는 게 맞다며 그 청중을 거들었다. 또 다른 청중이 그 분야를 전공했다며 간단한 설명으로 잘못된 정보를 바로잡았다. 교수는 얼굴 표정이 일그러졌다. 그렇게 교수는 청중에게 신뢰를 잃었고 많은 청중들이 고개를 돌렸다.

평소 이 교수는 누군가 질문을 하면 그 질문이 몇 점짜리 질문인지 질문에 대한 평가를 했다. 질문이 제대로 되지 않았다, 제대로 된 답변을 듣고 싶으면 제대로 된 질문을 하라는 말도 서슴지 않았다. 질문은 점점 줄어들었고 마지막 수업에는 청중이 절반 이하로 줄어 있었다. 들리는 후문으로는 다수의 수강생이 환불을 요청했다고 한다. 그 이후로 나는 그 교수의 강의는 믿고 거른다.

- 모르는 질문이 들어왔을 때

모르는 질문이 들어왔을 때 어떻게 해야 할까? 아는 질문이 들어왔을 때에는 유연하게 대처할 수 있겠지만 모르는 질문이 들어왔을 때는 당황부터 되기 마련이다. 우선, 잠깐의 호흡이 필요하다.

청중의 질문이 내가 잘 모르는 분야라면 다른 청중들에게 답변을 물어본다. 질문에 대한 답변을 어떻게 생각하는지 청중의 의견을 묻고 대답을 듣다 보면 강사도 나름대로 정리가 되고 무엇보다 청중의 수준이 파악된다. 청중의 수준이 파악되면 청중에게 맞는 적절한 대답을 할 수 있게 된다. 청중도 잘 모르겠다고 할 때에는 질문자에게 다시 질문한다. 무엇 때문에, 어떤 이유에서 이 질문을 했는지 다시 물어보며 질문의 핵심을 파악한다. 그러면 청중이 궁금해하는 부분이 무엇인지 명료해진다. 답변의 범위가 좁혀지면서 답변하기가 훨씬 수월해진다. 그리고 이 질문이 오늘 강의 내용과 관련 있는지를 점검한 후 강의 내용과 관련 있는 부분에 대해 답변한다.

그래도 모르는 질문이 나왔을 때는 어떻게 해야 할까? 이 역시 솔직함이 최선이다.

"이 질문은 정말 중요한 질문인 것 같습니다. 그리고 그 부분에 대해서는 제가 정확하게 알고 있지 못합니다. 저도 그 분야의 전문가가 아니다 보니 원하는 대답을 드릴 수 없어 죄송합니다. 의미 있는 질문이니 제가 조금 더 공부해 보겠습니다."

  질문한 청중을 존중하면서 나 스스로를 존중하는 대답이다. 강사는 모든 걸 다 아는 사람은 아니다. 내가 강의하는 분야에 대해 대답을 하지 못했다면 그것은 큰 문제가 된다. 그러나 전문 분야가 아닌 부분까지 청중을 만족시킬 만큼의 지식과 정보를 가지고 있기는 어렵다.

  모르는 질문이 들어왔을 때 하지 말아야 하는 것은, 청중 중 질문과 관련된 전문가에게 마이크를 넘기는 것이다. 강사보다 답변을 한 청중의 능력이 더 돋보이게 된다. 답변한 청중 덕에 강사의 능력이 낮게 평가된다. 애써 준비해 열심히 강의한 공이 다른 사람에게 가버린다.

- 아는 질문이 들어왔을 때

  내가 잘 아는 부분의 질문이 들어오면 신나게 대답하는 강사가 있다. 그러다 보면 질문에 빠져 강의 주제와 멀어질 수 있다. 아는 질문이 들어왔을 때에는 강의 내용과 질문을 연결 지어 답변을 하는 것이 핵심이다. 오늘 강의 내용이 의미 있고 중요함을 한 번 더 상기시킬 수 있다. 강의 내용의 핵심 주제와 연결하여 내용을 정리하고 답변한다. 그리고 답변은 질문한 청중에게 하는 것이 아니라 모든 청중에게 한다. 한 명의 청중에게 집중되는 동안 나머지 청중은 소외감을 느낀다.

- 질문 예측하기

 가장 좋은 방법은 질문을 미리 예측해서 강사가 청중에게 질문하는 것이다. 이때 청중은 가려운 곳을 긁어 준 것 같아 시원하다. 강사가 청중의 마음을 꿰뚫고 있는 것 같아 웃음이 나기도 하고, 강사의 높은 수준에 흠칫 놀라기도 한다. 가장 좋은 방법은 대처하기 전에 예측하는 것이다. 청중이 궁금해할 부분을 강사가 미리 예측하여 청중에게 질문한다. 청중이 무엇을 궁금해하고 있는지, 그 마음을 강사가 알고 있다는 메시지를 강하게 전달할 수 있다.

 예측이 쉽지 않지만, 그간의 강의 경험으로 미루어 보았을 때 자주 나왔던 질문을 정리하는 것이 도움 된다. 또 다른 방법은 강의 피드백지를 활용하는 것이다. 익명이 보장되어 마음 놓고 쓸 수 있는 QR코드 피드백을 적극 활용해 보자. 강의를 마치고 파일을 열어 보면 의외로 많은 청중이 질문한 것을 볼 수 있다. 강의를 들은 청중이 궁금해했던 내용이니 소중히 생각하고 다음 강의에 반영하는 정성을 들이자. 작은 정성이 쌓여 명강사를 만든다.

#강의 흐름에 방해가 될 때

 "대학교 졸업 사진 아니야?"
 강의 시작 후 강사 소개 사진을 보고 한 청중의 나지막한 한마디에 주변에서 키득키득 재미있지만 조심스러워하는 웃음소리가 들렸다.
 "사진이랑 실물이랑 많이 다른가요?"
 비슷하다, 다르다, 실물이 더 낫다고 해 주시는 분들도 계셨다. 강사 소개를 하다 보면 보정된 프로필 사진과 실물이 다소 차이가 느껴지니 솔직한 청중이 짚어 주시는 경우가 종종 있다. 나는 이럴 때 조금 뻔뻔하게 나간다.

"선생님, 이 사진은 어떤가요?"

"그건 조금 비슷하네요."

"이건 어떤가요? 가장 최근에 방송에 나왔던 모습이에요."

"그건 실물이 더 낫네요."

다음 슬라이드에 담긴 강사 사진을 보여 주며 되레 그 청중에게 평가를 부탁한다. 이렇게 하면 자칫 불편해질 수 있는 분위기가 말랑말랑해지면서 다 같이 한 번 웃는 시간이 된다. 그리고 이때 청중에게 잊지 않고 고마움을 전한다.

"선생님 덕분에 우리 모두가 다 같이 한 번 웃었네요. 덕분에 분위기가 좋아졌습니다."

청중은 무안하거나 미안한 마음이 들지 않으면서 다시 강사에게 집중할 수 있게 된다. 강의 중 질문을 하거나 청중의 의견을 물어볼 일이 있으면 그 청중에게 다가가 묻는다. 그럼 웃음이 나오면서 강의장 전체에 긍정적인 에너지가 감돌게 된다. 청중이 가지고 있는 에너지를 강의에 활용하는 방법이다. 자칫 불편해질 수 있는 상황을 오히려 즐겁고 재미있는 상황으로 만들면 청중에게는 긍정적인 이미지와 분위기로 기억된다.

의도치 않게 강의 흐름에 방해가 되는 경우도 있다. 기업 강의 중

한 청중이 웃음이 터져서 얼굴이 빨개지고 어쩔 줄을 몰라 했다. 주변으로 웃음 바이러스가 퍼졌다. 강의 흐름이 끊겼고, 모른 척 넘어가기에는 집중이 깨졌다.

"선생님~ 재미있는 일이 있으신가 봐요. 우리 같이 웃어요~"

"대화법 예시가 저희 부장님이 평소에 하는 말이랑 너무 똑같아서 부장님 오신 줄 알았어요."

순간 청중들이 다 같이 빵 터졌다. 강사는 모르지만 청중은 모두가 아는 부장님 덕에 폭소가 터졌다. 그냥 한바탕 실컷 웃었고, 덕분에 대화법이 청중들에게 더 잘 전달되었다.

이런 경우도 있다. 한번은 부모교육을 하는데 한 청중의 표정이 너무 좋지 않았다. 급기야 눈물을 흘리셨다. 옆에 있던 분이 휴지를 건네셨고 분위기가 순간 조용하고 엄숙해졌다. 이런 분위기에서 청중의 감정을 모른 척하고 강의를 계속하게 되면 오히려 집중이 떨어진다. 청중들의 마음은 모두 같을 것이다. 눈물을 흘리는 청중에게 마음이 쓰이고 그 연유도 궁금할 것이다. 모두가 알고 있는데 모두가 모르는 듯 그냥 강의를 계속할 수는 없다.

"어머님, 뭔가 슬픈 감정이 드셨나 봐요. 혹시 뭐 때문인지 여쭤봐도 될까요?"

"제가 평소에 제 딸에게 정말 많이 하는 말들인데, 그 말을 제가 직접 들으니… 흑흑… 제 딸에게 너무 미안해요… 흑흑."

부모교육을 하다 보면 간혹 있는 일이다. 무심코 했던 말이 딸아이에게 상처가 되었을 수 있겠다는 생각에 너무 미안하고 후회와 반성이 된다고 했다.

"미안한 마음에 눈물이 나셨군요."

"그 말을 내가 들으니까…. 상처가 되네요…."

"아마 어머님은 가장 좋은 방법이라 생각하고 아이를 훈육하셨을 겁니다. 아이를 위해 최선의 노력을 하셨을 거예요. 이제 방법이 잘못되었다는 것을 알았으니 방법을 바꾸시면 됩니다. 그리고 이건 누구의 잘못도 아니에요. 그 방식은 아마 나의 주 양육자와 닮아 있을 겁니다. 잘못된 대물림을 끊으시면 됩니다. 어떻게 하면 대물림을 끊고 좋은 방식으로 아이를 훈육할 수 있을까? 나의 훈육 스타일을 체크하고 방식을 바꾸는 방법에 대해서 다음 시간에 다뤄 볼 겁니다. 자신을 점검하고 부모로서 성장하는 시간이 되실 겁니다."

청중의 감정을 알아주고 다음 차시를 안내하는 것과 자연스럽게 연결하여 눈물 흘린 청중이 미안해하거나 무안하지 않게 했다.

감정적 상황이 발생할 수 있다. 그리고 그 상황에서 가장 중요한 것은 청중의 감정을 다루는 것이다. 강사가 청중이 가지고 있는 문제를 해결해 줄 수는 없지만 감정을 다뤄 줄 수는 있다. 감정을 다룰 때 비로소 그 감정이 해소된다. 그렇지 않으면 그 청중은 강의 내내 눈물을 흘리며 슬픔과 미안함으로 불편할 것이다. 다른 청중 또한 마찬가지다. 처음에는 안쓰럽고 안타까울 수 있으나 강의에 방해가 되어 불편해할 수도 있다. 울고 있는 청중의 슬프고 미안한 감정, 지켜보고 있는 청중의 안타깝고 안쓰럽고 조금은 불편해할 수 있는 감정을 수면 위로 올려 함께 다뤄야 한다.

앞으로는 감정이 더욱 중요한 시대다. 많은 부분 AI로 대체 되지만 감정은 AI로 대체되기 결코 쉽지 않다. 그때의 분위기, 느낌, 뉘앙스, 눈빛, 몸짓 등의 여러 가지가 감정에 영향을 미친다. 그야말로 복잡 미묘한 것이 감정이기 때문이다. 감정적 상황에서 청중의 감정을 다룰 수 있을 때 진정한 only one 대체 불가능 강사가 된다.

간혹 강의 중 잡담을 하는 경우도 있다. 강의 진행에 지장을 주는 정도라면 이미 다른 청중들도 불편해하고 있을 확률이 높다. 이때는 '침묵'이 효과적이다. 말하는 것을 잠시 멈추고 조용해진 다음 강의를 계속하면 된다. 아무 말 하지 않는 침묵은 오히려 집중의 효과가 있다. 그런데도 계속해서 잡담을 하는 경우도 있다.

"선생님, 중요하게 하실 얘기가 있으신가 봐요. 어떤 얘기인지 함께할까요?"

이렇게 말하면 청중은 알아차리고 잡담을 멈춘다. 강의 내용 중 어떤 부분이 자신의 중요한 이슈와 연결되었을 수 있다. 그런 경우 자신의 목소리 크기가 강의에 방해를 주고 있다는 사실을 잘 알아차리지 못한다. 가끔 악의적인 의도로 분위기를 흩트리는 경우도 있다. 강의와 상관없는 말로 흐름을 끊는 청중도 있을 수 있다. 고의적으로 강사를 곤경에 빠뜨리고자 하거나 주의 시선을 끌고자 하는 경우도 발생할 수 있다. 이럴 때 당황하거나 불편해하는 기색을 보이지 말아야 한다. 그 청중이 원하는 것이 바로 그것이기 때문이다. 예의 있지만 단호한 모습을 보이면 된다. 청중의 말을 못 들은 척 지나치거나, 그 청중을 배제하거나 소외시키는 강사의 행동, 눈빛, 제스처는 강의장 분위기의 방향을 부정적으로 향하게 만든다. 청중의 긍정적 의도를 알아주자.

심리학에 '점화 효과(Priming effect)'라는 게 있다. 사람들은 먼저 제시된 자극으로부터 나중에 제시되는 자극을 처리하는 데 무의식적으로 영향을 받는다. 강의를 시작하면서 긍정적인 이미지와 분위기를 만들 필요가 있다. 그 후에 진행되는 강의 내용에 영향을 미쳐 강의의 성공 확률을 높일 수 있다. 원하는 것을 요청하기 전에 상대에게 도움이 될 만한 의미 있는 것을 제공하라. 상대 자신도 모르게 이미 내 편이 되어 있을 것이다.

8. 최상위 단계 스킬, 유머

　KBS 개그 프로그램인 〈폭소클럽〉에 '마른인간연구 엑스파일'이라는 코너가 상당한 인기를 끌었다. 개그맨 유민상 씨는 자신의 120kg에 달하는 거구의 신체를 개그 소재로 사용했다. 기존에 신체를 소재로 한 개그는 몸 개그이거나 자학성 개그였는데 이 코너는 획기적이었다. 마른 인간들이 멸종하고 비만인들이 세상을 지배하는 시대, 비만인의 시각으로 과거 마른 인간을 연구하는 콘셉트이다.
　"과거 마른 인간들은 '나눠 먹자'라는 말을 했다고 하는데요, 여러분, 진정하세요. 과거의 일입니다."
　(10인용 전기밥솥을 보여 주며) "어린이용 도시락이군요."
　"아직도 뭐 때문에 만들었는지 그 원인을 정확하게 알 수 없는 음식물 쓰레기 봉투와, 몇 개를 먹어야 배부른지 알 수 없는 메추리알에 대한 연구는 이제 국가가 나서서 해결해야 할 문제입니다."
　비만인이 아닌 마른 인간이 멸종했다는 소재와, 비만인의 시각으로 세상을 보는 기발한 발상의 전환이 폭소를 자아낸다. 남다른 시각과 발상의 전환으로 폭소하게 만드는 개그맨들의 개그력! 정말 탐나는 능력이다.

　사파리에 놀러 갔을 때 사파리 버스 운전기사님의 유머와 위트 있는 멘트가 지금도 기억난다. 버스가 사파리에 진입하고 숲을 지나자 곰들이 나왔다. 사람들은 곰을 보기 위해 한껏 들뜬 모습으로 자리에서 일어났다. 그때 기사님의 말이 들려왔다.

"왼쪽에 계신 분들은 절대 일어나면 안 됩니다."

'일어나면 곰이 공격을 하나?', '무슨 큰일이 일어나나?' 궁금증이 높아지던 그때 기사의 말에 사람들은 일제히 웃음을 터트렸다.

"오른쪽에 계신 분들이 안 보입니다."

왼쪽에 서 있던 사람들은 즐겁게 웃으며 자리에 앉았다. 기분 좋게 오른쪽에 있는 사람들을 배려해 줬다.

"지금 손을 흔들고 있는 저 곰 보이세요? 안타깝게도 불치병에 걸렸습니다."

사람들은 웅성거리며 안타까워했다.

"의료진에 의하면 고치기 어렵다고 합니다."

'어떡해', '불쌍해' 마음 아파하는 사람들도 있었다.

"공주병에 걸렸습니다."

사람들은 또 한 번 큰 웃음을 터트렸다. 곰과 공주병이라니, 전혀 어울릴 것 같지 않은 두 단어가 만나 정말 위트 있게 들렸다. 버스 기사님의 유머는 여느 개그맨 못지않았다. 사파리에 놀러 온 손님들을 즐겁게 해 주기 위해 나름대로 연구하고 노력했을 것이다.

디즈니 유니버시티(Disney University)를 설립한 벤 프란스는 가장 중요한 교육 방침은 '즐겁게 교육하는 것'이라고 말했다. 그는 기존의 딱딱한 교육 자료를 모두 재미있게 바꿨다.

'손님에게 길 안내할 때 손가락질(일부 문화권에서 욕이니까)하지 말 것! 그랬다간 디즈니랜드 한복판에서 얻어맞은 구피를 발견할 것이다.'

'단 한 명의 손님이 있어도 인형 탈을 벗지 말 것! 미키마우스 얼굴을 들고 물을 마시는 아저씨라니. 디즈니랜드가 호러랜드로 탈바꿈하는 순간이 될 것이다.'

덕분에 디즈니 직원들은 즐겁게 공부했고 디즈니랜드를 찾는 고객들에게 기분 좋게 서비스할 수 있었다.

#유머, 가장 탁월한 두뇌 활동

창의력 분야의 세계적인 권위자인 에드워드 드보노 박사는 유머가 인간의 두뇌활동 중 가장 탁월한 활동이라고 했다. 잘 웃고 잘 웃기는 사람이 일도 잘한다는 뜻이다. 배움에서 유머는 없어도 되지만 유머가 있으면 '배움' 자체가 '즐거움'이 된다. 유머는 흥미를 유발하고, 관심을 갖게 한다. 나는 유머 감각이 많지 않다. 그래서 코미디 프로그램을 챙겨 보며 유머 감각을 키운다. 유머는 후천적으로 계발할 수 있다고 믿는다. 인기 개그맨들도 처음부터 유머가 넘치는 개그맨은 아니었을 것이다. 개그맨 유민상 씨도 '마른인간연구 엑스파일'을 위해 많은 노력을 했을 것이다. 노력하면 가능하다. 당신이 유머 있는 사람이 아니라면 노력해 보자. 당신만의 유머로 당신의 강의를 즐거운 배움으로 만들어 보자.

9. 기억에 남는 엔딩 멘트

　세계 10대 신문 중 하나인 《런던 타임스(The Times of London)》가 '최고의 영화 엔딩 20편'을 선정했다. 선정된 작품들을 보면 엔딩이 뛰어난 영화들이 전체적인 작품성도 높다는 공통점이 있었다. 때로는 영화의 엔딩이 그 작품의 완성도를 결정짓는 중요한 요소가 되기도 한다.

　강의도 마찬가지다. 강의의 시작은 거창했으나 엉성한 스토리와 느슨한 전개에 결론마저 흐지부지하다면 형편없는 강의로 기억된다. 반대로 강의 시작은 다소 불안정했으나 강사가 평정심을 찾고 준비한 내용을 차분하게 전달하고 내용 정리를 잘해 냈다면 좋은 강의로 기억된다. 영화나 드라마가 좋은 엔딩을 맺지 못하면 명작의 반열에 오를 수 없는 것처럼, 강의를 명작으로 마무리하기 위해서는 기억에 남는 엔딩이 필요하다. 강사가 강의를 통해 전달하고자 하는 메시지를 함축적으로 담고 있는 엔딩 멘트는 청중의 머리와 가슴에 오래도록 기억된다. 기억에 남는 엔딩 멘트를 하기 위해서는 어떻게 해야 할까?

　엔딩 단계에서는 지금까지 진행한 교육 내용 중 핵심 에센스를 요약 정리하여 재인식시킨다. 구체적인 실천 지침도 잊지 않고 제시한다. 그리고 가장 중요한 것은 스토리가 있는 엔딩 멘트로 청중의 마음을 움직여 행동할 수 있게 해야 한다는 것이다. 감동적인 엔딩 멘트는 여운을 남기고 동기를 유발하여 행복한 변화와 성장을 가져온다.

#엔딩 멘트도 스토리가 있어야 한다

내가 가장 많이 쓰는 방법은 역자구성 방식이다. 이 방식은 시작할 때 언급한 이야기로 마무리하는 방법이다. 청중에게 강의 시작 시점을 회상할 수 있는 기회를 제공하며 강의의 궁극적인 방향과 얼마나 개연성 있는 강의였는가를 보여 준다. 엔딩이 뛰어난 영화들이 전체적인 작품성도 높다는 공통점이 있다는 것과 같은 이치다. 스토리가 있는 강의는 시작과 끝이 맞닿아 있다.

#유명인이 남긴 명언은 강력한 힘이 있다

명언명구 방식도 청중의 기억에 남는 엔딩 멘트가 될 수 있다. 명언명구 방식은 강의와 관련된 명언 구절로 마무리하는 방식이다. 이 방식은 강사와 강의 내용을 청중에게 강력한 메시지로 기억될 수 있게 한다.

'사람은 사랑을 먹고 자란다. 아이는 사랑을 받아야만 도리어 상대를 배려하며 진정한 인간관계를 맺을 수 있다.'

— 톨스토이 —

교사 연수에서 했던 엔딩 멘트다. 지식의 폭을 넓히는 것도 중요하지만 인성의 폭과 깊이를 넓히는 배움이야말로 꼭 필요한 교육이다. 인성은 어른을 통해, 교사를 통해 배울 수 있다. 이 세상을 살아가는 어른이라면, 교사라면 아이에게 본이 되는 모습과 사랑이 있어야 한다는 메시지를 담은 엔딩 멘트다. 많은 교사들이 고개를 끄덕이고 눈물을 글썽였다. 더 많은 아이들이 사랑받고 진정한 인간관계를 맺을 수 있으리라 기대되었다.

Part 4.

강의 후
그 강사가 잘나가는 진짜 이유

1. 가장 비싼 백, 피드백

"망했어요. 망했어. 엉엉. 완전 망했어요. 꺼이꺼이."
"그럼 이제 다시는 강의 안 하고 싶겠네?"
"누가 저한테 강의해 달라고 하겠어요?"
"그건 모르지."
생애 첫 강의를 망치고 눈물범벅이 된 세란이가 갑자기 씩씩댔다.
"진짜 열심히 준비했는데… 흑흑 진짜 열심히 연습했는데…."
"아쉬움이 남는 거야?"
"몰라요, 생각하기도 싫어요."
"맞아, 생각하기도 싫지. 망친 강의를 누가 다시 생각하고 싶겠어."
"어떻게 그렇게 하나도 생각이 안 날 수가 있어요?"
"어떻게 그렇게 하나도 생각이 안 난 이유가 뭔 거 같아?"
세란이는 울음을 멈추고 눈을 끔뻑거렸다.
"강의를 망친 가장 큰 이유가 뭔 거 같아? 그걸 알아야 다음번엔 그걸 안 하지."

베스트셀러 《타이탄의 도구들》의 저자 팀 페리스는 신년 계획을 세우기 전에 반드시 해야 할 한 가지가 있다고 조언한다. 지난해의 나 없이 오늘의 내가 존재할 수 없으며, 올해는 지난해의 연장선과 같다. 올해를 제대로 계획하고 싶다면 지난해를 제대로 마감하는 것이 중요하다. 그런 이유에서 지난해에 대한 꼼꼼한 리뷰와 피드백이 필요하다고 말한다.

#바둑의 복기, 강의의 피드백

　복기란 바둑, 장기, 체스 등의 대국이 끝난 뒤, 해당 대국의 내용을 검토하기 위하여 두었던 순서대로 다시 두어 보는 일을 말한다. 즉 대국의 내용을 대국자 두 사람이 처음부터 재연하는 일로, 전문 기사들의 대국에서는 복기로 서로의 의견을 교환하는 것이 관례로 되어 있다. 승패의 결과에 구애되지 않고 대국의 내용을 연구, 검토하는 것은 본인의 실력을 늘리는 데 큰 도움이 되는 터라 복기는 예부터 내려오는 전통이다.

　복기는 바둑 대국이 끝난 이후 패배한 대국자가 먼저 '본인이 패배의 원인이라고 생각한 곳'을 지적하는 것으로 시작된다. 패배한 대국자가 대안을 내놓고 나서 승리한 대국자가 그 대안에 대해 평가하는 식으로 진행한다. 그다음부터는 승자의 의견, 아니면 동료 바둑 기사 등 제3자의 의견을 청취하는 식으로 진행한다. 복기는 무조건 패자가 먼저 말을 열고 승자가 패자의 의견에 동의 여부를 알려 주는 것이다. 그리고 어느 정도 말이 풀리고 내용이 정리되면 승자-패자 간편하게 의견을 교환하며 복기를 진행한다. 바둑에 복기가 있다면 강의에는 피드백이 있다.

강사 양성 과정을 진행할 때 가장 신경을 많이 쓰는 과정이 바로 피드백 과정이다. 예비 강사들은 시범강의 후 다른 예비 강사와 현직 강사들에게 피드백을 받는다. 이 과정을 어떻게 받아들이느냐에 따라 껑충 성장하는 강사가 있고, 그날 이후로 자취를 감추는 강사도 있다. 나는 이 과정을 강사 양성 과정의 '꽃'이라고 하는데, 예비 강사들은 '악의 꽃'이라고 한다. '악'과 '꽃', 절대적으로 상반된 의미를 지니고 있다. 그만큼 강사들에게는 쉽지 않은 시간임이 분명하다. 뼈아픈 '악'의 시간을 기꺼이 받아들이고 견뎌 내 '꽃'을 피우는 강사들을 보면 내면에서 단단함이 느껴진다. 성장은 쉽지 않다. 고통이 따르기 때문이다. 쉽고 달콤한 성장은 없다.

모든 강사가 강사로 살아남지 않는다. 모든 강사가 전문 강사로 성장하지 않는다. 전문 강사로 성장하기 위해서는 치열한 노력이 필요하다. 그리고 피드백은 전문 강사로 성장하기 위해서는 반드시 거쳐야 하는 필수 코스다. 피드백의 목적은 부족한 점과 개선할 점을 파악하고, 수정 보완 반영하여 강의의 질과 수준을 높이는 데 있다. 그만큼 강사의 질과 수준도 높아진다.

그러나 자신의 강의를 피드백하는 것은 정말 쉬운 일이 아니다. 더더구나 망친 강의라면 절대 마주하고 싶지 않다. 혼자만 느끼는 낯 뜨거움과 부끄러움, 아쉬움, 야속함, 무안함, 민망함 등이 뒤엉킨 나만 아는 감정. 정말 감당하기 힘든 감정이다. 그럼에도 불구하고 자신의 강의를 복기해야 한다. 실패한 나의 강의를 제3자의 입장에서 차갑고 냉정하게 실패의 원인을 조목조목 짚어야 한다. 아파도 마주하고 뚫어지게 바라봐야 한다. 이 꽉 물고 나의 실수와 실패를 받아들이고 인정해야 한다. 그래야 실수와 실패가 두 번 다시 반복되지 않는다. 실수를 했다는 건, 그래서 실패로 이어졌다는 건 부족함과 미숙함이 내 안에 있다는 분명한 반증이다. 내 이름을 걸고 하는 강의를 실수 없이 제대로 해내기 위해서는 지난번 실수를 반드시 들여다봐야 한다. 그렇지 않고는 강사로서의 생명을 유지하기 어렵다. 뼈아프게 복기한 피드백의 시간이 나를 프로로 만들어 줄 것이다. 실패도 담담하게 바라볼 줄 아는 성숙한 어른으로 성장시켜 줄 것이다.

#피드백의 규칙

피드백을 할 때도 규칙이 있다. 규칙 없이 이루어지는 피드백은 자칫 상처만 남길 수 있다. 피드백을 처음 하는 사람은 어떻게 해야 할지 몰라 '지적'하는 것처럼 피드백을 하는 경우가 종종 있다. 그래서 피드백의 규칙을 만들었고, 피드백을 하기 전 규칙을 반드시 지키라고 거듭 강조한다. 피드백은 피드백을 받는 사람이 그 내용을 들을 수 있어야 도움이 되고 성장할 수 있다. 규칙을 만든 이유는 피드백을 받는 강사가 들을 수 있게 하기 위함과 동시에 강사를 정서적으로 보호하기 위한 측면도 있다.

상처 주지 않으면서 전하려는 내용을 담백하게 전달하기 위한 피드백의 규칙 첫 번째, 교정적 피드백은 어떻게 개선하면 좋을지 구체적인 제안과 함께 한다. 수정과 보완이 필요한 부분만 말하면 자칫 부족한 면을 꼬집는 것처럼 느껴질 수 있다. 같은 강사로서 나라면 저 부분을 어떻게 할지 고민해 보는 시간은 큰 공부가 된다. 실제 피드백 과정을 마치고 나면 참여한 많은 강사들이 한입으로 하는 이야기가 있다. 바로 '정말 큰 공부가 되는 시간이었다'이다.

두 번째 규칙, 지지와 격려를 담은 지지적 피드백으로 마무리한다. 강의를 잘했든 못했든 노력한 부분이 있고, 무에서 유를 창조해 낸 노고가 있다. 그 부분을 따뜻한 시각으로 발견하여 지지와 격려를 보내 주는 것이다. 인정과 지지, 격려는 시작하는 사람들에게 큰 힘과 위안이 된다.

세 번째 규칙은 피드백의 시작은 강의를 마치고 난 강사가 자신의 강의에 대해 잘한 점과 부족한 점을 스스로 점검하고 평가하는 것으로 시작하는 것이다. 바둑에서 패배한 대국자가 '패배의 원인이라고 생각한 곳'을 스스로 지적하는 것으로 복기를 시작하는 것과 같은 이치다. 자기성찰력이 있는 사람은 타인의 영향력을 인정하고 있는 그대로 받아들인다.

#태도가 성장을 결정한다

시범강의를 마치고 내려온 예비 강사 A는 자신의 강의에 대한 피드백을 들으면서 표정이 점점 굳어져 갔다. 표정에서 '기분 나빠'가 여실히 드러나고 있었다. 그의 태도에서 부정적 감정이 조금씩 묻어나왔다. 결국 감정이 태도가 되었고, 피드백하는 강사들은 그를 신경 쓰며 말을 아꼈다. 과정이 끝날 때까지 예비 강사 A는 감정이 조율되지 않은 모습이었다. 무엇보다 감정이 태도가 되고 있고, 그로 인해 주변 사람들이 신경 쓰고 조심스러워하며 조금은 불편해하고 있다는 것을 전혀 알아차리지 못했다. 피드백 과정 이후로 예비 강사 A는 더 이상 나타나지 않았다. 모 백화점 문화센터에 강사로 이름이 올라온 것을 보았으나 그 이후로 더 이상 그 강사의 이름을 볼 수 없었다.

피드백 과정은 다른 강사들의 피드백을 받아들이는지 마음가짐이 가장 중요하다. 어떤 태도로 받아들이느냐에 따라 성장으로 이어지기도 하고 고통과 상처인 채로 머물러 있기도 한다. 천재 바둑 기사 조훈현 국수는 이렇게 말했다.

"승자는 기쁨에 들떠 있고 패자는 억울함과 분함 등 온갖 감정으로 괴롭다. 그 모든 감정을 억누르고 차분한 마음으로 복기를 하기란 참으로 힘든 게 사실이다."

자신의 실수를 정면으로 바라보는 것은 심히 괴로운 일이다. 피할 수 있다면 피하고 싶은 일이다. 그러나 승부사들은 자신의 실수를 정면으로 뚫어져라 바라본다. 실수를 인식하고 두 번 다시 되풀이하지 않을 때 얻을 수 있는 것이 승리라는 것을 너무도 잘 알고 있기 때문이다.

#나를 프로 강사로 키운 피드백

 강의를 마침과 동시에 '강의 만족도 조사'가 이루어지는 곳이 많다. 강사의 강의 실력은 어떠했는지, 강의 내용은 만족스러웠는지 그 자리에서 바로 평가하는 것이다. 만족도 높은 강사만이 재섭외되고 그렇지 않은 강사는 '강사인력풀'에서 거의 대부분 삭제된다. 강의는 청중이 듣고, 강사 섭외는 교육 담당자가 한다. 교육 담당자는 청중의 의견을 충분히 반영하여 섭외할 강사를 결정한다. 그런 이유에서 청중의 피드백은 가장 확실한 섭외 도구라 할 수 있다. 결과가 어떻든 강의를 마치고 나면 담당자에게 만족도 결과를 공유받아 반드시 체크해야 한다.

 만족도 조사를 하지 않는 곳도 가끔 있다. 이런 경우 만족도 조사를 자체적으로 하면 된다. 앞에서 잠깐 언급한 바 있는 '만족도 QR코드'를 적극 활용하기를 바란다. 만족도 설문지를 QR코드로 만드는 것은 맘만 먹으면 얼마든지 할 수 있다. 정보가 온라인에 넘쳐 난다.

 강의를 마치고 차에 와서 청중의 만족도를 보는 일은 설레면서 떨리기도 하고, 긴장되면서도 기분 좋은 일이다. 나는 청중의 만족도를 보면서 차에서 혼자 운 적도 많다. 고마움과 감동의 뜨거운 눈물도 있었지만 속상함과 아쉬움에 스스로에게 화가 나 자책하며 흘린 눈물도 적지 않다. 지금 나는 교육 담당자가 인정한 만족도 5점 만점에 평균 4.97점을 자랑하는 '만족도 높은 강사'다. 비결을 묻는다면 나는 '피드백'이 나를 키웠다고 말하고 싶다. 망한 강의의 ppt를 꼴도 보기 싫어 밀쳐놓았다가 늦은 밤 잠 못 이루고 뒤척이다 다시 불을 켜고 일어나 눈물 흘리며 이 꽉 물고 ppt를 들여다봤던 시간들이 나에게 있었다. 그렇게 밤을 지새운 날도 여러 날 있었다.

 바둑에서 한 수 한 수를 복기하듯 ppt 한 장 한 장을 청중의 반응을 회상하며 되짚어야 한다. 논리가 부족하지는 않았는지, 논리가 내용을 충분히 뒷받침해 주고 있는지, 내용에 걸맞는 이미지 자료를 선택하였는지, 강의 자료로 사용한 동영상이 강의 내용과 적절히 연결되었는지, 영상이 길지는 않았는지, 소주제가 바뀔 때 개연성 있게 전환되었는지 등 세심한 시각으로 낱낱이 짚어야 한다. 이것이 바로 실패에서 배우는 방법이다. 실패에서 배웠기 때문에 두 번 다시 같은 실패를 반복하지 않게 된다. 이는 그 어떤 배움보다 참으로 값진 배움이다.

 프리랜서 강사는 대부분 혼자 준비하고 혼자 강의한다. 그로 인해 자신의 강의에 대해 객관적으로 판단하기 어렵고, 주관적인 만족에 머무를 수 있다. 하지만 수강생이나 기업 담당자의 피드백을 받으면 자신이 인식하지 못했던 부분을 확인할 수 있다. 즉 피드백을 통해 구체적으로 어떤 점을 더 학습하고 보완해야 할지를 알 수 있다.
 QR코드를 통해 작성된 청중의 강의 만족도는 구글 드라이브에 기록되어 저장된다. 피드백 내용을 확인할 때는 부정적인 피드백도 비난이 아닌 성장 기회로 바라보는 태도가 중요하다. 감정적으로 반응하지 않고, 왜 그런 피드백이 나왔는지를 스스로 분석해야 한다. 만족도 내용 중 가장 빈번하게 많이 나오는 내용을 따로 정리하여 무엇을 어떻게 수정 보완하면 될지 고민하고 공부한다. 그리고 다음 강의에 반영한다. 그러면 다음번 강의는 조금 더 만족도 높은 강의가 된다. 무엇보다 강의를 하는 나의 자신감부터가 달라져 있다. 자신 있는 거다. 고민하고 끙끙거렸던 시간이 자신감으로 변해 있을 것이다. 인내는 정말 쓰지만 열매는 무지 달다.

강의가 익숙해지고 루틴화되면, 정체기를 겪기 쉬운데 이때 피드백은 강사에게 새로운 자극과 성장 동기를 줄 수 있다. 지속적인 피드백 반영은 강사의 강의 스타일, 전문 분야, 청중과의 커뮤니케이션 방식 등을 더 명확하고 일관되게 정립하게 도와준다. 이는 자기 브랜드를 만드는 과정이며, 장기적인 신뢰와 명성을 쌓는 데 큰 자산이 된다.

피드백은 단순한 평가가 아니라 '성장의 연료'다. 꾸준히 피드백을 수용하고 반영하는 강사는 시간이 지날수록 더욱 강력한 콘텐츠와 전달력을 갖추게 된다. 좋은 강사는 콘텐츠를 잘 전달하는 사람이 아니다. 청중의 피드백에 민감하고 유연하게 반응하는 사람이다. 피드백을 두려워하지 말고, 나의 여정을 함께하는 '강의 동반자'로 받아들이면 꾸준한 성장할 수 있다. 그리고 마침내는 내가 도달하고자 하는 곳에 바라던 모습으로 도달해 있게 해 준다.

2. 나만의 앙코르 강연

뼈를 깎는 피드백의 시간을 거치면 ppt가 새롭게 재탄생된다. 재탄생된 ppt는 내용이 물 흐르듯 자연스럽게 연결되면서 논리와 재미 두 마리의 토끼가 다 잡혀져 있다. 이제 이 ppt로 나만의 앙코르 강연을 진행하면 된다. 꾸준한 자기 점검과 실전 연습은 최고의 강의를 만드는 가장 빠른 지름길이다.

#나만의 앙코르 강연 Tip

프리랜서 강사로서 혼자 앙코르 강연을 기획한다는 것은 정말 멋진 자세이다. 혼자만의 앙코르 강연을 더 잘하기 위한 팁을 몇 가지 제시한다.

첫 번째, 실제 강의하는 것과 똑같이 설정하고 시작한다.

강의 시간, 대상, 인원 등 모든 것을 실제처럼 설정한다. 옷도 갖춰 입고 구두까지 신는다. 그리고 강의장에 도착했다고 가정하고 이후부터 모든 것을 실전처럼 진행한다. 강의를 세팅하고 마치 앞에 청중이 앉아 있는 것처럼 자연스럽게 소통도 시도한다. 청중의 반응까지 상상하면서 강의의 몰입도를 높인다. 시작부터 끝까지 실전처럼 설정하고 실전처럼 강의한다. 이때 앞에서 언급했던 거울 강의를 하면 더욱 효과적이다. 강의 모습을 촬영하는 것도 아주 좋다.

　가족이나 지인 등 실제 청중을 모셔 놓고 연습하는 것은 별로 추천하지 않는다. 나를 위해 일부러 시간을 내서 왔다는 심리적 부담감이 적지 않다. 그리고 자신의 실력이 드러나는 순간이다 보니 자신 있게 하기가 생각보다 쉽지 않다. 이보다는 거울 강의와 영상 촬영을 통해 셀프 피드백하여 실력을 갖춘 후 재능 기부로 무료 강연을 하는 것은 적극 추천한다.

　무료 강연이라고 절대 대충 하는 마음으로 해서는 안 된다. 청중은 안다. 강사가 대충 하는지 정말 최선을 다하는지. 나는 코로나 이후 어떤 강의를 하든 '늘 이번이 마지막이라는 절박한' 마음으로 한다. 무료 강연을 한 후에는 청중에게 반드시 피드백지를 받도록 한다. 그리고 솔직하게 써 주는 것이 큰 도움이 된다는 말을 꼭 해야 한다. 무료로 들었으니 피드백지에 좋은 말을 써 주려는 청중이 의외로 많다. 청중의 피드백지를 꼼꼼히 읽고 부족한 부분을 다시 한 번 채워 나가도록 한다.

　두 번째, 목표를 명확히 한다.

　지난번 강의의 주된 실패 요인을 파악하고 나만의 앙코르 강연에서는 그 부분을 개선하는 것을 목표로 한다. 목표는 한두 가지면 충분하다. 너무 많은 것을 한 번에 수정하려면 오히려 중요한 것을 놓치게 된다.

세 번째, 강의를 마친 후 바로 셀프 피드백한다.

강의를 진행하다 보면 더 좋은 아이디어가 떠오를 때가 있다. 혹은 ppt를 다르게 수정해 봐야겠다는 생각이 들 때도 있다. A 사례보다는 B 사례가 더 적합하다고 판단될 때도 있다. 나는 강의를 마치고 차로 이동하면서 기억이 생생할 때 바로 핸드폰에 음성 녹음을 한다. 순간 번뜩 들었던 생각은 찰나의 순간 기억이 없어지기도 한다. 첫 번째 것 생각하다 보면 두 번째 것이 떠오르기도 하는데 이때 바로 메모하지 않으면 기억에서 사라지고 없다. 그런 이유에서 기억이 생생한 순간에 바로 음성 메모를 한다. 그리고 차에 와서 음성 녹음을 들으면서 ppt의 맨 첫 장에 기록해 놓는다.

촬영한 영상을 보면서 셀프 피드백하는 것도 잊지 않는다. 자신의 강의를 제3자의 시각으로 보면 보이지 않던 것이 보인다. 설명이 논리적이었는지, 청중의 입장에서 이해가 쉬웠는지, 반복되는 말버릇이나 보디 습관, 불필요한 표현은 없었는지, 목표가 달성되었는지를 체크한다. 수정할 부분을 체크하고 바로 적용하여 ppt의 질과 수준을 한 단계 더 높인다. 작은 준비 하나하나가 분명 큰 강의력으로 이어질 것이다.

3. '경험'은 '실력'이 있다, 선배 강사의 한마디

프리랜서 강사로서 셀프 피드백은 매우 중요하지만, 혼자서만 하는 피드백에는 분명 한계가 있다. 혼자만의 관점에서 벗어나기 위해, 다른 강사와 피드백을 공유하고 조언을 구하는 것도 도움이 된다. 특히 실력을 갖춘 선배의 피드백은 가장 빠른 성장 도구가 될 수 있다.

#'경험'은 '실력'이 있다.

〈장윤정의 도장깨기〉는 숨은 노래 실력자들에게 족집게 레슨을 통해 한층 더 업그레이드된 노래 실력으로 더 많은 꿈을 꿀 수 있게 도와주는 음악 버라이어티 프로그램이다. 선배 가수 장윤정은 가수의 꿈을 꾸는 사람들부터 오래된 습관들로 고전을 면치 못하고 있는 현역 트로트 가수들까지 다양한 사람들을 만나 노래 코칭을 한다.

한때 가수를 꿈꿨고 지역 가요제가 열린다면 지역 가수로 무대에서 보고 싶다는 참가자. 장윤정은 노래 하이라이트 부분에 박자와 밀당을 하고, 노래 속 애교 포인트를 살려 쉽고 맛깔나게 부르는 방법을 전수했다.

데뷔 7년 차 부산 대표 지역 가수인 참가자는 자신이 꾸준히 밀고 있던 곡을 다른 유명 가수가 불러 줘 알려지긴 했지만, 자신이 불렀을 때는 별로 인기가 없어 씁쓸했다는 이야기를 했다. 이에 장윤정은 발음, 강세, 모션을 통한 친절한 전달력이 필요하다고 전하며, 꺾기를 통해 곡의 맛을 더하는 법을 전수했다.

이렇게 경험 많은 선배 가수에게 노래 코칭을 받은 참가자들은 한층 업그레이드된 노래 실력을 뽐내 감탄을 자아냈다. 아마추어가 아닌 프로로 보일 수 있는 한 끗 차이를 느끼게 했다. 장윤정은 노래 코칭을 통해 다양한 고민을 지닌 지원자들의 실력을 한층 업그레이드시켜 줘 자신감을 불어넣어 주었다.

강의법 연수에서 예비 강사들이 한입으로 하는 이야기가 있다. '다른 강사의 강의를 다양하게 볼 수 있어 좋았고, 강사로서 한층 더 성장할 수 있었다'이다. 혼자 하는 강의는 늘지 않는다. 강의를 녹화해서 리뷰하고 셀프 피드백하는 것도 많은 도움이 되지만 분명 한계는 있다. 다른 시각이 필요하다. 그래야 제자리걸음을 멈추고 앞으로 나아갈 수 있다. 강의 기술은 경험 많은 선배 강사에게 피드백받고 수정 보완하면서 는다. 그렇게 강의를 만들고 전달하는 감각과 안목이 길러진다.

#선배 강사의 1:1 마이크로 코칭

1:1 마이크로 코칭은 초보 강사나 예비 강사가 놓칠 수 있는 작은 부분까지도 선배 강사에게 코칭을 받을 수 있는 프로그램이다. 이 프로그램을 강사 양성 과정에 넣은 이유가 있다. 시범 강의를 마치고 피드백을 들어야 하는 강사들은 긴장도가 매우 높다. 많은 피

드백을 해 줘도 듣는 데 한계가 있다. 그런 이유에서 그 강사가 들을 수 있을 만큼만 피드백한다. 이때 가장 중요한 것 중심으로, 즉 반드시 개선이 필요한 굵직한 부분 중심으로 피드백을 한다. 그 부분만 수정되어도 강의가 한결 매끄러워진다.

또한 초보 강사들이 두려워하는 것 중 하나가 바로 '질문'이다. 강의는 준비가 되지만 질문은 준비를 할 수가 없다. 질문을 대하는 태도와 답변의 수준에서 강사의 실력이 드러난다. Q&A를 제대로 하지 못해 밑천을 드러내는 강사도 많다. 이 부분은 시간이 지나면 자연스럽게 좋아지는 부분이기는 하다. 그러나 초보 강사가 놓치기 쉬운 청중의 관점, 비언어적 표현, 내용의 흐름 등을 선배는 날카롭게 짚어 줄 수 있다. 즉 선배 강사는 청중 중심 피드백이 가능하다.

강의는 지식 전달뿐 아니라 퍼포먼스의 영역도 있다. 목소리 톤, 표정, 눈 맞춤, 유머, 청중과의 상호작용 등도 중요한데, 이런 부분은 선배 강사의 피드백 없이는 발전시키기 어렵다. 또한 1:1 마이크로 코칭을 통해 어떤 자료가 효과적인지, 어떤 예시가 반응이 좋은지 등 현장 중심의 노하우를 배울 수 있다. 특히 "내용 흐름이 자연스러운지", "청중 반응을 끌 수 있는 부분인지", "강의 중 예상 질문과 대응법", "분위기 전환 팁" 등 혼자 연습으로 얻기 힘든 부분을 선배 강사에게 다양한 경험 기반 노하우를 전수받을 수 있다.

강사는 이미지도 중요한 직업이다. 프리랜서일수록 강의력 외에도 퍼스널 브랜딩이 중요한데, 이는 셀프 피드백으로는 알기 어려운 부분이다. 선배 강사는 초보 강사의 말투, 태도, 복장, 이미지 등을 보고 "브랜딩 관점"에서 조언을 줄 수 있다. 선배 강사의 조언은 강사의 브랜드 개선에도 많은 도움이 된다. 또한 피드백을 주고받는 과정을 통해 선배 강사와의 관계 형성이 되고, 향후 더 큰 무대로 연결될 수 있다. 강사 커뮤니티에 추천을 받거나, 협업 기회가 생길 수도 있다. 프리랜서 강사는 혼자 일하되 함께 성장해야 하는 직업이다. 선배 강사의 피드백은 실력뿐 아니라 네트워크까지 확장시킬 수 있는 소중한 성장 도구이다.

1:1 마이크로 코칭을 받은 초보 강사와 예비 강사들은 실력이 확 는다. 초보이지만 목소리, 태도, 강의자료, 강의를 전달하는 모습에서 프로다운 전문성이 한껏 느껴진다. 강의 전체를 보는 안목, 강의를 핸들링하는 능력, 상황에 대처하는 능력 등 많은 시간이 걸리는 부분에서도 큰 성장을 보인다.

선배는 같은 어둠 속을 조금 앞에서 헤매는 사람이라고 생각한다. 그 선배도 캄캄한 어둠을 혼자 고군분투하며 앞으로 조금씩 나아갔을 것이다. 어둠 속에서 수많은 경험을 했을 것이고 그 경험에서 깨닫고 배우며 지금의 그 자리에 서게 되었을 것이다. 경험이 뒷받침된 선배 강사의 조언은 내가 할 수 있는 실수를 미연에 방지해 주는 대비책이 되고, 모르고 있던 것을 알게 해 주는 참고서이기도 하면서, 상황에 따라 어떻게 대처해야 하는지를 알려 주는 지침서가 될 수 있다. 선배 강사에게 조언을 구하자. 그 어디에서도 들을 수 없는 귀한 한마디를 듣게 될 것이다.

Part 5.
잘나가는 프리랜서 강사가 꼭 하는 습관

1. 두 발을 땅에 잘 딛고 서서

"언니, 이거 선물이에요."

"어머~ 이게 뭐야? 말차네. 내가 말차 좋아하는 거 어떻게 알고, 고마워. 시원하게 한 잔씩 마실까? 이번 여행은 어땠어?"

"좋았죠~ 좀 더웠는데 그것도 나름 매력 있었어요. 햇볕은 쨍쨍한데 초록이 어찌나 싱그럽던지 애들이 다 살아 있는 것 같았어요. 코끝으로 바람이 살랑 스치면 시원하면서 풀 향기에 기분이 막 좋아지는 그런 느낌?"

"시인 다 됐네~"

"언니, 저 사실 앙금 플라워 하면서 꽃이 예쁘다는 생각은 했지만 꽃이 참 기특하고 아름답고 사랑스럽다는 생각은 못 했거든요. 근데 요즘은 꽃이 그렇게 예쁘고 기특할 수가 없어요. 그 작은 몸을 표현할 수도 없는 아름다운 색깔로 피워 낸 모습이 정말 어찌나 기특하고 사랑스러운지, 정말 너무너무 예뻐요. 엄마가 왜 그렇게 꽃 사진을 찍고 단풍 구경 다니는지 이제 좀 알 것 같아요."

"꽃이랑 사랑에 빠지겠군~ 요즘 마음은 좀 어떤 거 같아?"

"요즘은 뭔가 삶이 한시름 놓인 것 같다고 해야 하나? 그냥 마음이 가볍고 편해요. 그게 뭐라고 말로 표현하기는 어려운데 그냥 편해요. 짐이 좀 없어진 느낌이랄까? 그 짐이 뭔지는 모르겠는데 암튼 없어진 것처럼 맘이 편안해요."

"다행이네. 보경이 잘 있지?"

"언니, 이게 뭔 줄 아세요? 보경이가 유치원에서 만든 건데 제 상장이에요. 착한 엄마상. 착해졌다고 딸내미한테 상 받았어요."

"오~ 상도 받고. 딸이 착하다고 상까지 줬으면 인정이지~"

"보경이가 맨날 짜증 내고 소리 지르고 말 안 들어서 엄청 힘들었는데 제가 보경이한테 그랬던 것 같아요. 일은 많고 힘은 들고, 그래서 애한테 소리 지르고 짜증 내고 화내고 온갖 스트레스를 다 풀었던 것 같아요. 착한 엄마상 주면서 제 머리를 쓰다듬어 주는데 눈물이 왈칵 나는 거 있죠."

"그랬어? 머리 쓰다듬어 주는 것도, 착한 엄마상 주는 것도 너한테 배운 걸 거야. 네 모습일 거야."

앙금 플라워 사장님으로, 전문 강사로 바쁘게 하루하루를 살아가던 세란이가 어느 날부터 조금씩 예민해지기 시작했다. 강의 준비도 예전과 다르게 대충 하는 것 같았고, 수강생을 대하는 태도에서 겸손을 찾아 보기 어려웠다. 전문가 과정 수강 중이던 수강생이 불만을 표하며 환불을 요청한 일도 있었다. 세란이에게 재충전의 시간을 갖기를 제안했고, 다행히도 충전이 아주 잘된 것 같았다.

#그라운딩

그라운딩(grounding)은 대지와 연결되어 있는 상태를 말한다.

'땅에 발을 붙이다'라는 의미로 두 발이 땅에 닿아 있음을 의식하여 나의 몸이 지구와 연결되어 있다는 느낌을 가지는 것이다. 이 그라운딩은 몸과 마음을 안정시키고, 현재에 집중할 수 있는 중요한 개념으로 침착하고 안정되게 생활하는 것을 의미한다. 그라운딩이 잘되어 있다는 것은 바쁜 일상 속 크고 작은 스트레스를 긍정적으로 관리하여 내적 편안함을 유지한 상태라고 할 수 있다. 그렇다면 그라운딩 상태를 만들고 유지하려면 어떻게 해야 할까?

#오감의 재세팅

우선 그라운딩 상태를 만들고 유지하기 위해 자신의 오감에 집중해 본다. 운전 중 신호 대기 때 나무나 꽃을 들여다보며 색깔을 느껴 보는 것. 바람 소리나 가끔 들려오는 새소리 등 주변의 소리에 집중해 보는 것. 식사할 때 음식 냄새를 먼저 음미하고 천천히 씹으며 혀끝에 전해지는 맛을 느껴 보는 것. 점심 식사 후 산책하며 돌이나 흙을 만져 보며 촉각을 느껴 보는 것 등이 그라운딩에 도움이 된다. 일상에서 긍정적인 작은 경험들이 쌓여 나라는 사람의 전체적인 무드 자체가 긍정적으로 변화하게 된다. 또한 이것은 타인에게 긍정 에너지로 전달되어 좋은 느낌을 준다. 처음 보는 사람인데 좋은 느낌이 들어 다가가고 싶은 사람이 있다. 몸과 마음이 안정되어 내적 편안함이 유지되는 그라운딩이 잘된 사람에게서 느껴지는 에너지이다.

오감을 열 수 있는 가장 좋은 방법은 바로 여행이다. 여행은 오감의 재세팅이라고 할 수 있다. 여행은 그간 잠자고 있던 오감을 다시 느낄 수 있게 해 준다. 낯선 곳이라는 신선함이 더해져 다섯 가지 감각을 기분 좋게 깨어나게 한다. 그야말로 오감이 새롭게 재세팅된다. 기분 좋은 그라운딩을 경험할 수 있다. 그라운딩 상태를 만들고 오래 유지하려면 무엇보다 자신을 관리하는 것이 필요하다.

2. 빡센 하루하루, 쌓여 가는 실력

#강철 나비 강수진의 하루하루

강철 나비 강수진은 〈Channel A〉 인터뷰에서 이런 말을 했다.

"입단해 보니 기라성 같은 선배들이 진을 치고 있고 저는 까마득한 군무의 일원인데 그것도 순서가 다섯 번째였어요. 선배들이 부상당하거나 감기가 걸려야 무대에 설 기회가 오는 자리였지요.

어느 날이었어요. 〈레시필드〉라는 작품에 군무 자리가 비었어요. 그래서 서게 됐는데 정말로 그날 공연은 나이트메어(Nightmare, 악몽)였어요. 왜 TV를 보다 보면 다들 팔을 올리는데 팔을 내리는 사람 있잖아요. 그런 엇박자가 그 무대에서 한두 번이 아니었어요. 전 그다음 날로 당장 해고되는 줄 알았어요. 그런데 해고는 시키지 않더라고요. 그때 정신이 번쩍 들더군요. 설사 무대에 설 가능성이 없어도 늘 준비를 하고 있어야 한다고. 그래서 그때부터 다시 모나코왕립학교 때처럼 연습에 몰두했습니다. '항상 준비된 사람이 되어야 한다'는 생각으로요."

그는 은퇴하기 전까지 연습할 시간이 없어 밤에는 3시간만 자고 낮에 쪽잠을 자는 삶을 수십 년을 살았다. 그의 꿈은 하루 7시간 자는 것이라고.

"하루하루가 가장 중요하고 열심히 살아간 오늘이 모여 특별한 내일을 만든다고 생각해요. 그렇게 일상이 모이면 특별한 것이 되니까요. 지금까지 제가 가진 모든 성공담, 주변의 찬사는 모두 그러한 일상적 반복이 빚어낸 위대한 산물이에요. '오늘 못 했으니까 내일 하면 될 거야'라는 식으로 나의 나태한 오늘을 내일로 미루기 시작할 때, 그런 게으른 하루들이 모이고 모여 그 사람의 예술 인생에 종지부를 찍게 만드는 거라고 생각해요.

처음 하루는 열심히 살기 힘들지만 일단 하루를 살고 나면 그다음 날은 조금 쉬워져요. 그렇게 몇 년이 지나면 자신은 물론이고 다른 사람들도 인정해 주는 날이 옵니다. 그래서 하루하루를 잘 살려고 해요. 전 오늘 은퇴해도 괜찮아요. 매일 백 퍼센트를 사니까 후회가 없어요."

2016년 7월 22일, 독일 슈투트가르트 오페라하우스에서 〈오네긴〉 공연을 끝으로 발레리나 강수진이 은퇴한 날이다. 그녀의 나이 49살. 독일 슈투트가르트 발레단에 입단한 지 30년 만이다. 이날 강수진은 1996년 처음 주인공을 맡은 작품인 〈오네긴〉을 선보였다. 그는 수준급 발레 실력을 선보였고 공연이 끝난 후 관객들은 기립박수와 함께 붉은색 하트가 그려진 '고마워요 수진(Danke, Sue Jin)'이라는 글귀가 적힌 팻말을 들었다.

#치열한 강사 세계에서 살아남기

내가 강의를 처음 시작했을 때는 강사라는 직업이 지금처럼 많지 않을 때였다. 강의를 어떻게 해야 하는지 배울 수 있는 곳도 거의 없었다. 그러나 지금은 강사가 정말 많다. 강사를 양성하는 곳도 많고 마음만 먹으면 누구나 강사가 될 수 있다. 한 분야에서 성공한 사람이 자연스럽게 강사라는 제2의 직업을 갖기도 한다.

강사라는 이 세계도 나름 치열하다. 모 컨설팅 회사와 함께 일하지 10여 년이 넘었다. 매년 기업 대상으로 진행되는 큰 규모의 강의가 있다. 여러 명의 강사가 모여 의견을 나누고 방향을 잡아 가는 회의를 시작으로 프로젝트가 시작된다. 작년에 진행한 강의 평가와 청중 만족도가 높으면 올해 다시 섭외되어서 회의 자리에 함께하게 된다. 강의 평가와 청중 만족도가 낮으면 올해 강의에서는 제외된다. 지난 10여 년 동안, 올해 제외된 강사가 다시 함께하는 일은 없었다. 회의 첫날, '살아남아' 다행이지만 씁쓸한 강사들의 눈빛이 오간다.

강사는 강의를 마침과 동시에 청중으로부터 평가되고, 그 평가는 다음 '섭외'를 결정한다. 실력 없는 강사는 다시 섭외되지 않는다. 그렇게 조용히 사라지게 된다. 현실은 냉혹하고 때론 잔인하다. 만족도가 높지 않으면 대체되는 것은 한순간이다. 대체 불가능한 자원이 되어야 한다. 그러기 위해서는 자신의 하루를 스스로 건설하고 관리하여 매일 조금씩 꾸준히 성장, 발전해 나가야 한다. 100퍼센트를 살아 내지 못하더라도 100퍼센트를 살아 내기 위해 매일 노력해야 한다.

치열한 강사의 세계에서 명강사 반열에 오르기 위해 하루를 관리하라고 말하고 싶다. 꼭 강사로서만이 아니라 어느 한 분야의 전문가가 되기 위해 반드시 필요한 부분이라고 생각한다. 어떤 하루하루를 보냈느냐에 따라 한 달 후, 일 년 후가 달라진다. 하루하루가 쌓여 삶이 달라진다. 열심히 산 하루가 모이면 특별한 내일이 만들어진다. 나태한 하루, 내일로 미루는 하루하루가 모이면 한 분야의 전문가에서 멀어지게 되고 궁극에는 아무 일도 일어나지 않는 삶이 되어 버린다. 처음 하루는 열심히 살기 힘들지만 일단 하루를 살고 나면 그다음 날은 조금 쉽다. 그렇게 몇 년이 지나면 자신은 물론이고 다른 사람들도 인정해 주는 대체 불가능 강사가 된다.

#일상 속 하루 루틴 만들기

하루를 시작하고 마무리할 때 자신만의 루틴을 꾸준히 실천하면 결국은 자신이 바라는 삶을 살게 된다. 아침에 눈을 뜨고 잠깐의 심호흡을 하거나, 창문 밖에서 전해지는 신선한 공기와 상쾌함을 느끼며 하루를 시작한다면 조금 더 안정된 하루가 될 수 있다. 차 한잔을 마시거나 명상을 하며 하루를 정리하는 것 또한 그라운딩에 도움이 될 수 있다. 아래는 내가 강사로서 매일 실천하는 나만의 하루 루틴이다. 몇 년 동안 실천하고 있으며, 하나씩 꾸준히 늘려 나갔다. 이

중 바빠도 빼먹지 않고 꼭 하는 것은, '긍정 정서로 시작하기'와 '긍정 정서로 마무리하기'이다.

① 긍정 정서로 시작하기: 감사함을 느끼고 말하기

오늘 하루를 주셔서 감사합니다.
오늘도 일할 수 있어 감사합니다.
오늘 하루도 잘될 거야.
* 주의: 부정 단어는 빼고 긍정 단어를 사용한다.
　생각하는 나쁜 일은 일어나지 않을 거야.
　→ 좋은 일이 있을 거야.

② 메일 확인, 뉴스 검색

시간을 정해두고 시작한다. 알람을 맞춰두면 더 좋다. 주의를 끌 유혹거리가 넘쳐 난다.

③ 읽고 쓰고 듣기

하루 한 페이지 책 읽기
하루 한 줄 글쓰기
3분 강의 듣기
(한 페이지, 한 줄, 3분은 부담 없다.)

④ 하루 5분 나만을 위한 시간 갖기

명상하기
고요히 머물기
차 한잔 마시기

걷기
(핸드폰은 내려놓고, TV는 끈다.)

⑤ 긍정 정서로 마무리하기: 감사함을 느끼고 말하기
오늘 하루 별일 없어서 다행이다.
맛있는 식사를 하고, 일을 하고, 휴식을 할 수 있어 감사합니다.
내가 바라고 희망하는 일을 상상하며 잠들기
(힘든 하루 중 그럼에도 불구하고 다행인 것에 초점을 맞춘다.)

  하루 루틴은 명강사의 준비운동이다. 별것 아닌 것 같지만 매일매일 꾸준히 실천하며 지켜 나간다는 것은 결코 쉬운 일이 아니다. 매일 꾸준히 실천하기 위해서는 쉬워야 한다. 할 수 있겠다는 생각이 들도록 쉽고 작은 것에서부터 시작한다. 바로 실천할 수 있게 목표를 작게 세우고 성취감을 느끼는 것도 중요하다. 습관이 되면 자동적으로 움직이게 된다. 안하면 이상하고 뭔가 빼먹은 것 같다면 습관이 된 것이다. 하루 루틴이 습관으로 잘 형성되었다면, 새롭게 실천하고 싶은 것을 루틴과 루틴 사이에 하나씩 끼워 넣으면 된다. 이때 중요한 것은 쉬워야 한다는 것이다. 쉽고 간단해야 바로, 오래 실천할 수 있다.

  나는 매해 다이어리를 쓴다. 스케줄 관리와 섭외 문의 등을 쉽게 관리할 수 있다. 다이어리에 스케줄과 그날 해야 할 일들을 적고 하나하나 지워 나가며 실천하고 있다. 그렇게 하루를 마무리하면서 간단하게 오늘 하루에 대한 일기를 쓴다. 감사한 것, 다행인 것, 고마운 것, 잘했던 것, 아쉬움이 남는 것 등 주로 하루를 보내며 있었던 일들에 대한 나의 생각과 감정을 쓴다. 강사를 시작하면서 한 해도 거르지 않았다. 작은 실천이지만 내 안의 긍정성을 높이고 스스로를 성찰할 수 있는 의미 있는 시간이 되었던 것 같다. 별것 아닌 것 같지만 이런 하루하루가 쌓여 명강사의 반열에 오르게 되는 것이다. 성실하게 보낸 시간의 합이 명강사를 만든다.

 명강사가 되기 위해 나만의 하루를 스스로 건설하고 관리하는 하루 루틴을 꾸준히 실천하자. 열심히 살아간 오늘이 모여 특별한 내일을 만든다. 하루 관리는 대체 불가능한 자원이 되는 가장 쉬운 길이다. 우선 바로 실천할 수 있는 작은 루틴을 만들자.

3. 결국은 마음 관리다

명강사가 되기 위해서는 마음을 관리하자. 명강사는 하루아침에 완성되지 않는다. 잠깐의 노력으로 되는 것이 아니다. 지루한 하루하루의 성실함이 쌓여 결국 명강사를 만든다. 성실하게 보낸 인내의 시간의 합이 바로 '명강사'라고 할 수 있다. 그 지루한 시간을 어떤 태도로 지켜 나가느냐가 강사의 방향을 결정짓는다. 그리고 그 태도는 마음에서 나온다. 지루한 시간을 대하는 마음가짐이, 그 시간을 대하는 태도를 다르게 한다.

자신의 하루를 스스로 건설하고 관리하여 매일 조금씩 꾸준히 성장, 발전해 나가는 것은 중요하다. 그러나 성실한 하루하루의 결과가 가시적으로 눈에 보이지 않을 때조차 성실하기란 쉽지 않다.

#쑥과 마늘의 시간

어떻게 하면 눈에 보이는 성과가 없는 힘겨운 시간을 견뎌 낼 수 있을까? 쑥과 마늘의 시간을 견디기 위해서는 성공의 이미지를 생생하게 그려라.

빛이 들지 않는 동굴로 들어가 100일 동안 쑥과 마늘만 먹고 버텼던 곰은 사람이 되었다. 쑥의 쓰디쓴과 마늘의 아린 맛을 참고 견디며 하루하루를 보내기란 결코 쉽지 않았을 것이다. 그 시간을 어떤 마음으로 견뎠을까? 어쩌면 사람이 된 자신의 모습을 매일매일 생생하게 그리지 않았을까? 쑥과 마늘을 먹으며 하루하루 그 모습에 가까워지고 있다고 믿으며 그렇게 그 시간을 인내해 내지 않았을까? 사람이 되고픈 간절함으로 그 시간을 버텨 낸 곰은 100일이 되기도 전에 결국 사람이 되었고, 환웅이 반할 정도의 아름다운 모습이었다. 어쩌면 그 모습은 웅녀가 쑥과 마늘을 먹으며 매일매일 머릿속으로 그리던 바로 그 모습이지 않았을까. 웅녀는 환웅과 결혼하고 아이도 낳게 된다. 그저 사람이 되고픈 간절함으로 견뎌 낸 인고의 시간은 그 이상의 것을 가져다주었다. 한 발을 내딛는 것은 쉽지 않다. 두렵기 때문이다. 그러나 한 발 내딛으면 더 큰 세상이 펼쳐진다.

그때 그 시간을 견디며 생긴 내공의 힘. 내공의 힘은 또 다른 인고의 시간을 능히 견뎌 낼 수 있게 해 준다. 그 어떤 시련과 고난이 와도 힘든 시간을 이겨 냈던 경험이 또 한 번 버틸 수 있게 한다. 나의 한계를 넘어 보는 것, 한계를 뛰어넘어 본 자만이 느낄 수 있는 가슴 벅찬 감동이 있다. 아무도 시작하지 않은 새벽을 열 때의 마음과는 비교가 안 된다. 하루 종일 땀 흘려 봉사하고 집에 돌아왔을 때의 뿌듯한 감동과는 견줄 게 못 된다. 그 시간을 지나왔고 견뎌 내고 받는 대가는 글로 표현이 안 된다. 삶에 가장 고귀한 선물일 것이고, 지금껏 느껴 보지 못한 감동과 깨달음, 성장일 것이다.

#스스로를 독려하는 시간

 쑥과 마늘, 캄캄한 어둠을 견디기 힘들었던 호랑이는 더 이상 참지 못하고 동굴 밖으로 나간다. 사람이 되기를 포기한다. 그런데 만약에 쑥과 마늘을 먹으며 견뎌 낼 때, 변화되는 모습을 조금씩이라도 볼 수 있었다면 어땠을까? 그 시간을 인내하는 것이 조금은 쉽지 않았을까?

 성실한 하루하루를 보내고 있지만 눈에 보이는 성과가 없다면 쉽게 지칠 수 있다. 하루하루가 고통이고 괴로움일 것이다. 우리가 무언가를 얻기 위해서는 반드시 치러야 하는 대가가 있다. 그리고 그 시간을 어떻게 받아들이느냐에 따라 고통일 수도 희망일 수도 있다. 이 세상 힘들지 않은 일이 어디 있을까. 내가 좋아서 선택한 일도 나를 힘들게 한다.

 호랑이에게 부족했던 것은 준비의 시간을 버텨 낼 수 있는 자기 확신과 믿음이었다. 100일 후에는 바라던 대로 반드시 사람이 되겠다는 굳은 의지와 해낼 수 있다는 믿음이 부족했다. 그런 이유에서 쑥은 쓰기만 하고 마늘은 더욱더 맵게만 느껴졌을 것이다. 어제보다 손가락 한 마디만큼 성장했음을 알아차리고 스스로를 독려하는 것이 필요하다. 그러기 위해서는 자신을 믿고, 자신의 선택에 확신을 갖는 것이 무엇보다 중요하다. 그래야 쑥과 마늘의 시간을 능히 견뎌 낼 수 있다.

#도끼날을 가는 시간으로

링컨 대통령은 "나무를 베는 데 여섯 시간이 주어진다면 그중 네 시간은 도끼날을 가는 데 쓰겠다."라고 말했다. 도끼날을 제대로 갈지 않고 나무를 베는 사람들이 많다. 옆 사람의 나무는 도끼로 찍어 대는 족족 넘어가고, 그렇게 수확한 나무가 켜켜이 쌓여 있는데 나의 성과는 열심히 찍는 데 반해 빈약하기만 하다. 조급한 마음에 도끼를 더 열심히 휘둘러 보지만 성과는 여전히 만족스럽지가 않다. 가장 빠르게 나무를 벨 수 있는 방법은, 나무 베는 것을 멈추는 것이다. 나무 베는 데 쏟을 힘을 낡은 도끼를 날카롭게 가는 데 쏟아야 한다. 뭉뚝한 도끼날이 가져다준 성과는 아무리 최선을 다해도 결코 만족스럽지 못할 것이다.

성실하게 보낸 하루하루의 성과가 눈에 보이지 않으면 쑥과 마늘의 시간처럼 고통스럽게만 느껴진다. 그렇다면 호랑이처럼 동굴 밖으로 뛰쳐나가고 싶어질 것이다. 그러나 쑥과 마늘의 시간을 도끼날을 가는 시간으로 가져가면 얘기는 달라진다. 뭉뚝한 도끼날을 매일 성실하게 갈아야 한다. 명상도 하고 차도 한잔 마시고 여행도 하면서 그렇게 마음을 다스리며 도끼날을 갈아야 한다. 조금씩 날카로워지는 도끼날을 보면 그 시간이 결코 지루하거나 고통스럽지만은 않을 것이다.

작은 나무의 가지를 잘라 보고, 다시 도끼날을 갈고, 조금 더 큰

나무의 가지를 잘라 보고, 다시 도끼날을 갈고. 어떻게 하면 도끼날이 조금 더 잘 갈아지는지, 어떻게 하면 가지가 더 잘 베어지는지 스스로 알아차리고 깨우치며 도끼날을 갈고 작은 나무의 가지를 베어 보자. 성실하게 보낸 하루하루가 쌓여 도끼날은 날카로워질 것이다. 도끼날이 날카로워질수록 생생하게 그린 모습에 가까워지고 있음을 기억하자.

4. 나를 성장시키는 3가지 도구

 강사는 매일 조금씩 성장하는 사람이다. 어제보다 오늘 더, 오늘보다 내일 더 성장해 있어야 뒤처지지 않는다. 성장하지 않으면 성공할 수 없고, 롱런할 수 없다. 다음은 나를 강사로 꾸준히 성장시킨 소소하지만 강력한 3가지 도구이다.

#나를 성장시키는 꾸준한 독서

 강사에게 도끼는 콘텐츠일 것이다. 콘텐츠를 탄탄하게 다질 수 있는 가장 효과적이고 위력한 방법은 바로 독서이다.

 벤저민 프랭클린은 미국을 대표하는 사상가이자 작가이며 발명가이고 정치인이다. 그러나 그는 정규교육을 2년밖에 받지 못했다. 열일곱 명의 형제 가운데 열다섯 번째였던 그는 초등학교를 2학년까지 다닌 뒤 생계를 유지하기 위해 양초와 비누를 만드는 일을 했다. 그럼에도 그가 미국 건국의 아버지이자 위대한 사상가가 될 수 있었던 비법은 무엇이었을까?

 벤저민 프랭클린은 생계를 꾸려 나가는 와중에도 매일 하루 한 시간씩 점심시간을 이용해 독서를 했다. 그는 자서전에서 다음과 같이 말했다.

 "적어도 하루 한 시간 여유가 좀 생길 때는 두 시간 가까이 책을 읽었다. 한 시간을 읽을 수 없는 날도 있었지만 그래도 최대한 짬을 내 책을 읽었다. 이 습관은 내 평생의 습관이 됐고 성장의 밑거름이 됐다."

투자의 귀재 워런 버핏은 어려서부터 매일 적어도 1시간에서 2시간 가까이 《뉴욕타임스》, 《월스트리트 저널》 등 신문을 정독했다고 한다. 아침에 일어나 사무실에 나가면 자리에 앉아 신문을 먼저 읽었다고 한다. 그는 무조건 하루 한 시간은 신문을 보는 시간을 가졌다고 한다.

빌 게이츠가 어려서부터 꾸준히 실천하고 있는 두 가지 습관이 있다고 한다. 하나가 정오 무렵 즐기는 10분 정도의 낮잠이고 다른 하나는 독서이다. 그는 매일 적어도 1시간의 독서로 일주일에 1권, 연평균 50권의 독서를 소화한다. 빌게이츠는 오늘의 자신을 있게 한 것은 매일 조금씩이라도 독서하는 습관이라고 말했다. 하버드 졸업장보다 소장한 것이 바로 이 독서 습관이라고 했다.

테슬라 최고 경영자(CEO)인 일론 머스크의 동생 킴벌 머스크는 형을 엄청난 독서광이라고 말한다. 어린 시절부터 하루 책을 두 권씩 읽었고, 사업으로 바쁜 와중에도 손에서 책을 놓지 않고 매일 조금씩의 독서를 꾸준히 하고 있다고 말했다.

오바마 전 대통령은 백악관 8년을 버틴 비결이 독서와 일기였다고 말한다. 일이 급하게 돌아가고 숱한 정보가 난무할 때 독서가 속도를 늦추고 관점을 갖고 다른 입장에서 생각하게 해 주었다고 한다. 책이 자신을 더 나은 대통령으로 만들었는지는 알 수 없지만 균형을 잃지 않게 해 주었다고 한다.

분야를 막론하고 성공한 사람들의 공통된 습관 중 하나가 바로 독서이다. 매일 꾸준한 독서를 했고 그 안에서 통찰을 얻었고 성공으로 연결시켰다. 그들은 지금도 독서를 한다. 하루도 책을 손에서 놓지 않는다.

#강사의 3가지 독서법

책을 꾸준히 많이 읽는다고 누구나 성공하는 것은 아니다. 어떻게 하면 독서를 통해 통찰을 얻고 성공으로 연결시킬 수 있을까? 강사로서 책을 읽는 나만의 3가지 방법을 공개한다.

강사의 독서법 1. 가르칠 생각으로 읽기

미국 세인트루이스워싱턴대 연구팀은 독서에 관한 한 가지 실험을 진행하였다. 두 그룹에게 같은 책을 읽게 했는데 A 그룹에게는 시험을 볼 것이라고 했고, B 그룹에게는 책을 읽은 뒤 다른 사람에게 가르쳐야 한다고 했다. 그리고 연구팀은 독서가 끝난 후 두 그룹 모두 시험을 보게 했다. 어떤 그룹의 결과가 더 우수했을까? 가르쳐야 한다고 했던 B 그룹의 성적이 더 우수했다. 실험을 진행한 네스

토코 교수는 다음과 같이 말했다. 가르쳐야 한다는 목적은 읽는 이로 하여금 책의 중요한 내용을 더 효과적으로 재조합하게 만들었고 더 잘 기억하게 했다.

같은 책을 읽어도 목적과 자세에 따라 기억되는 데에는 큰 차이가 있다. 누군가에게 책의 내용을 가르치겠다는 마음으로 읽을 때 독서 효과가 두드러지게 나타난다. 이는 책의 내용을 완전히 내 것으로 만들 수 있는 확실한 독서법이다. 책에서 말하고자 하는 내용이 무엇인지, 어떤 부분이 중요한지 등 읽고 정리하고 요약하여 핵심 메시지를 한 줄로 말할 수 있다면 제대로 된 독서를 한 것이라 할 수 있다.

강사의 독서법 2. 콘텐츠와 연결하며 읽기

나는 책을 읽을 때 콘텐츠를 염두에 두고 읽는다. 즉 책의 내용을 나의 콘텐츠에 어떻게 녹여 내고 적용할까를 염두에 두고 책을 읽으면 소위 써먹을 것, 활용할 수 있는 부분이 나온다.

많은 사람들이 자신의 경험을 바탕으로 노하우와 비법을 알려 주는 것이 바로 책이다. 책에서 전달하고자 하는 메시지의 깊이를 깨닫게 되면 그 의미를 들여다볼 수 있게 된다. 독서를 통해 의미와 의미를 연결 지을 수 있게 된다. 가령 된장 명인의 장 담그는 비법이 담긴 책과 투자 노하우를 쓴 책, 이 두 권의 책은 전혀 다른 이야기처럼 보이지만 들여다보면 의미를 같이하는 부분이 있음을 알 수 있다. 스스로 부딪혀 경험하고 실패를 거듭하면서 터득한 자신만의 노하우와 비법, 내용은 다르지만 그 의미는 같다.

단순히 읽는 것에 그치지 않고 사색하고 고찰하다 보면 어느 순간 통찰로 연결되는 극치의 깨달음의 순간이 온다. 그리고 그것을 나의 콘텐츠와 연결하는 지혜가 발휘된다면 청중에게 깊은 울림과 탄식을 자아내는 깨달음을 줄 수 있게 된다. (감탄의 탄식으로 그들에게 또 다른 깨달음을 줄 수 있게 된다.) 강력한 메시지가 힘 있게 청중의 뇌리에 각인되어 고개가 끄덕여지는 것이다.

끊임없이 흔들리는 지남철의 모습은 이 시대를 살아가는 수많은 이들의 모습과 닮아 있지만, 흔들리며 가장 정확한 위치를 찾기 위한 몸짓이라는 것은 각자의 삶에서 목표에 다다르기 위한, 조금 더 자신의 삶을 잘 살아 내기 위한 쉼 없는 노력과도 같다는 것은 다르지 않다. 지남철의 끊임없는 떨림 속의 의미를 생각하다 보면 자신의 콘텐츠와 맞닿아 연결 지어지는 부분이 있다. 지남철의 흔들림이 가지고 있는 의미와 삶의 흔들림이 가지고 있는 의미를 연결 짓는 것. 이것이 바로 독서와 나의 콘텐츠를 연결하는 것이다. 독서를 통해 의미와 의미를 연결 짓는 것이다.

실패와 좌절이 성공이 된 경험을 담은 책을 곱씹고 되뇌며 사색할 때 나의 콘텐츠와 연결 지을 수 있다. 뛰어난 통찰은 타고나는 것이 아닌 노력에 의한 것일 것이다.

강사의 독서법 3. 여백에 기록하며 읽기

　독서를 통해 내가 이미 가지고 있는 지식에 새로운 지식을 접목하기 위해서는 책 여백에 기록하며 읽어야 한다. 기록은 내가 지금 읽고 있는 것에 관해 정말 열심히 생각하도록 만들어 주기 때문이다. 이 방법은 책을 통해 배우고 읽은 지식을 통합하는 좋은 방법 중 하나이다. 지식에 지식을 덧대어 확장하고 통합하기 위해서는 눈으로도 읽고 손으로도 읽어야 한다.

　저자의 생각에 동의하지 않는다면 나의 생각은 어떤지 여백에 적어 본다. 생각하며 읽지 않으면 초점이 흐려진다. 읽다 보면 생각이 연장되는 부분도 있다. 그 부분을 여백에 기록한다. 독서가 주는, 저자가 주는 아이디어가 있다. 책을 읽다 보면 내가 가지고 있는 지식과 연결되어 새로운 아이디어가 번뜩이는 순간이 있다. 이때 미루지 말고 책의 여백에 생생할 때 바로 기록한다.

　책을 많이 읽어도 사고하지 않으면, 기존에 내가 알고 있던 지식과 연결되지 않는다. 이는 읽지 않은 것만 못하다. 생각하고 연결하는 것에 그치지 않고 글로 적다 보면 생각이 정리가 된다. 머릿속에 있던 것이 선명해지고 명료해진다.

　독서를 마치고 여백에 기록한 부분만 따로 정리를 하는 것 또한 생각을 확장하고 통합하는 데 많은 도움이 된다. 나는 독서를 마치고 나면 밑줄 친 부분과 기록한 부분만을 따로 정리한다. 이렇게 정리하는 과정에서 한 번 더 생각이 확장되기도 한다. 카테고리별로 정리를 해 두면 나중에 꺼내 쓰기도 좋다.

#나를 성장시키는 사소한 일기

낮잠, 일기, 산책, 수다. 이는 성공한 사람들의 소소한 습관 중 하나이다. 성공에 이른 경로와 성공한 방식은 다르지만 성공한 이들의 공통된 습관은 바로 매일 일기를 썼다는 것이다. 대단한 내용이 아니더라도 이들은 하루를 기록했다. 아인슈타인은 평생 8만 장이 넘는 일기를 남겼고 에디슨은 평생 500만 장의 메모와 일기를 남긴 것으로 유명하다. 정규학교를 포기한 그에게 어머니는 일기 쓰기를 가르쳤고 그는 다양한 정보를 기록하고 이를 발명에 활용했다. 다산 정약용은 유배지에서 절망과 원망, 분노 등 자신의 감정을 일기에 기록하면서 스스로를 다잡았다. 그리고 유배지에서 후학들을 길러냈고 《목민심서》, 《경세유표》 등을 펴냈다.

톨스토이는 19살부터 일기를 쓰기 시작했다. 이후 평생에 걸친 그의 일기는 그 자체로 하나의 작품이 되었다. 위대한 사람들은 스쳐 지나가는 많은 것들을 그냥 흘려보내지 않았다.

- 오바마의 일기

오바마는 어릴 때부터 꾸준히 일기를 썼다고 했다. 청소년기 그는 혼혈 청소년의 정체성과 혼란, 소외감 등 내면의 갈등을 일기에 쓰면서 스스로를 정의했다고 한다. 대학 시절 일기 쓰기는 사회문제에 대한 고민과 지적 탐구를 담는 그릇이었다고 말한다. 그러면서 자신이 앞으로 해야 할 일을 깨달았고 생각들을 논리정연하게 정리할 수 있었다고 한다. 오바마는 타임지 인터뷰에서 다음과 같이 말했다.

"지금도 노트에 뭔가를 기록하고 일기를 씁니다. 제가 믿는 것, 제가 보는 것, 제가 가치 있다고 여기는 것들을 보다 명확하게 하는 훈련입니다. 어지럽게 뒤엉킨 생각의 타래를 문장으로 풀어내면서 더 어려운 질문을 던질 수도 있고요."

그런 이유에서 오바마에게 일기는 방황하는 유년기를 붙잡아 준 친구였고, 지적 탐구와 사회적 고민을 함께한 동료였으며, 국정을 함께 설계했던 든든한 참모였다고 그는 말한다.

- **진하고 깊은 성숙으로 이끄는 도구**

오프라 윈프리는 어린 시절 지독한 가난 속에서 자라며 힘겨운 일들을 겪었는데 그녀의 어머니는 대수롭지 않게 넘겼다. 처지를 비관해 한때 자살을 시도하기도 했던 그녀를 지탱해 준 유일한 탈출구가 바로 일기였다. 특히 매일 5가지씩 적었던 감사 일기는 그녀가 마약과 알코올에서 헤어 나올 수 있도록 해 주었다. 오프라 윈프리 홈페이지에는 다음과 같이 적혀 있다.

"유난히 눈부신 파란 하늘을 보게 해 주셔서 감사합니다."

"벤치에 앉아 햇살 맞으며 차가운 멜론을 먹을 수 있어 행복했습니다."

"일기를 쓰는 과정은 내 아픔을 치유하는 치료였고 내 성장의 증거였다."

나는 그날 있었던 일 중 좋았거나 불편했던 일을 감정 중심으로 일기를 쓴다. 그리고 운동과 감사, 다행인 것을 적는 것으로 마무리한다. 이렇게 일기를 쓴 지 약 8년 정도 된 것 같다. 매일 쓰지는 못하지만 적어도 일주일에 3번 이상은 쓰려고 한다. 매일 아침 눈을 뜨면 '오늘 하루를 주셔서 감사합니다'로 시작한다. 스케줄이 있는 날은 '오늘도 일할 수 있어서 감사합니다'라고 말한다. 하루를 마치고 집에 들어서며 '오늘 하루도 별일 없어서 다행이다'라고 말한다. 일기를 쓰면서 나의 감정을 조금 더 면밀히 들여다볼 수 있었다. 작은 것에 감사할 수 있게 되었고 감사함을 더 깊이 느낄 수 있었다. 이렇게 감사를 느낄 수 있는 것 또한 감사하다. 일기 쓰기는 자신의 하루하루를 넘어 인생을 자세히 들여다보는 도구이며, 복잡한 세상에서 조용히 자신의 삶을 관찰할 수 있는 시간이기도 하다.

- 생각 정리는 물론, 글 쓰는 실력도 늘어나

정보가 넘쳐 나는 이 시대 흔들리지 않고 자신의 중심을 지켜 나가기 위해서는 생각하고 정리해야 한다. 뭔가를 글로 적다 보면 생각이 정리되는 것을 느낀다. 연구자들은 이를 '배우기 위한 글쓰기'라고 설명한다. 아무리 복잡한 문제라도 공부하고 경험한 것을 정리하면 그 과정 자체가 학습이 되고 생각은 더욱 더 명료하고 선명해진다. 일기 쓰기는 생각 정리는 물론 생각하는 힘, 글 쓰는 능력도 고취시켜 준다. 오바마는 일기를 통해 글쓰기 훈련을 할 수 있었고 이렇게 꾸준히 일상을 기록하는 습관이 그를 설득력 넘치는 연설가로 만들었다고 한다.

- 일기 쓰기

일기 쓰기는 책상 앞에 앉아 종이에 적지 않아도 된다. 핵심은 자신을 돌아볼 시간을 갖고 생각을 정리하는 것이다. 저명한 자기계발 컨설턴트 제임스 클리어는 일기의 장점을 이렇게 설명한다. 훌륭한 서적처럼 다시 읽으면서 세상을 새롭게 바라볼 수 있고, 오래된 사진처럼 내 생각이 어떻게 변해 왔는지 알 수 있으며, 비디오 녹화처럼 하루를 다시 돌려보며 동기를 부여할 수 있다.

일기 쓰기는 내 삶을 관찰하는 하루 한 문장 쓰기로 시작하면 된다. 오늘 나에게 무슨 일이 있었고 어떤 기분을 느꼈는지 한 문장 쓰는 것으로 시작해 보자. 뭔지 모르게 기분이 나아지는 것을 느낄 수 있다. 해냈다는 작은 성취감도 맛볼 수 있다. 그렇다면 다음 날 또 한 문장을 쓰면 된다. 그리고 내 삶을 내가 원하는 방향으로 바라는 모습에 다다르고 싶다면 마음 관리를 위한 감정 일기를 쓰자. 감정 일기는 자신의 감정을 알아차리고 조율하는 훌륭한 방법이다. 진부할지 모르지만 일기를 쓰자.

#나를 성장시키는 소소한 산책

목표를 이뤄 상상하던 모습에 다다르고 싶다면 책상 앞에 앉아만 있지 말고 밖으로 나가 걸어라. 산책은 생각을 정리할 수 있게 하고 더욱더 확장하여 지식과 지식을 연결시켜 결국 내가 원하던 생각의 끝에 가닿게 한다. 머릿속에만 복잡하게 얽혀 있던 수많은 생각들을 하나둘 정리하여 밖으로 꺼낼 수 있게 도와준다.

- 성공한 사람들의 빠지지 않는 루틴

성공한 사람들이 가지고 있는 루틴 중 빠지지 않는 것이 바로 산책이다. 칸트는 매일 오후 3시 30분이면 산책에 나섰다. 칸트의 모습이 보이면 마을 사람들이 시계를 맞췄다는 일화가 있을 정도로 그의 산책은 꽤 규칙적이었다. 칸트는 규칙적인 산책을 30년 동안 이어 갔다. 그는 머리를 한쪽으로 기울이고 골똘히 생각하며 산책했는데 그에게 산책은 연구하는 시간이었다. 찰스 디킨스는 글이 막힐 때면 산책을 나섰다. 그는 '만약 내가 산책을 하지 못했다면 내 머리는 폭발해 버리고 나는 소멸했을 것'이라고 말하기도 했다. 글쓰기를 시작한 지 30여 년이 지난 무라카미 하루키의 또 다른 직업은 마라토너이다. 이렇듯 자신의 분야에서 성공한 사람들은 생각이 필요할 때면 산책에 나섰다.

- 산책하기

산책은 긴장된 신경 근육을 완화시켜 진정작용을 하게 한다. 잠깐이라도 걸으면 심장 박동이 빨라져 혈액순환이 가속화돼 더 많은 산소가 뇌에 전달된다. 복잡하고 무겁던 머릿속이 정리가 되면서 가볍고 명료하게 느껴진다. 산책이 도파민, 노르에피네프린 등 뇌 활성 호르몬 분비를 촉진시켜 스트레스를 줄이고 두뇌활동을 활발하게 했기 때문이다.

나는 여유로운 저녁 시간에 주로 산책을 나간다. 산책의 시작은 아무 생각 없이 걷기이다. 그렇게 걷다 보면 무거웠던 머리가 가벼워지면서 생각의 물꼬가 트이는 경우가 있다. 주로 근처 산책로를 이용하는데 머릿속이 너무 시끄럽고 복잡할 때는 오히려 사람들이 붐비는 곳으로 산책을 가기도 한다. 복잡함 속에서 단순함을 발견하게 되기도 한다. 아이디어를 얻기 위해서는 조금 천천히 걷는다. 해야 할 일이 많을 땐 조금 빠르게 걸으며 머릿속을 먼저 비워 낸다. 생각이 많을 땐 음악을 들으며 걷고, 힘들고 지칠 땐 오감에 집중하며 걷는다. 발이 땅에 닿는 느낌, 바람에 머리카락이 날리며 볼을 스치는 느낌, 팔과 다리가 교차되며 옷깃이 스치는 소리, 풀벌레 소리, 바람 냄새, 흙냄새, 오색 불빛들. 이렇게 오감에 집중하며 걷다 보면 온몸에 생기가 돌면서 '나'라는 존재가 지금 여기 존재하고 있다는 것이 느껴진다. 살아 있음이 느껴진다.

무라카미 하루키가 말했다. 그렇게 묵묵히 계속하다 보면 어느 순간 내 안에서 '뭔가'가 일어난다고. 책상에서 일어나 잠깐만 걸어 보자. '뭔가'가 달라지는 게 느껴질 것이다.

5. 강사로 롱런하기 위해 반드시 지켜야 할 것

프리랜서 강사는 사장인 동시에 직원이다. 작고 사소한 것에서부터 스스로를 관리하지 않으면 간판 내려야 할지도 모른다. 프리랜서 강사로 롱런하기 위해서는 반드시 지켜야 할 것이 있다.

1. 여유 있게 도착하라. 시간 약속은 반드시 지켜 신뢰를 쌓자. (바쁘게 다니지 마라. 지각해서 신뢰를 잃지 마라.)
2. 정해진 강의 시간은 반드시 지켜라. 5분 일찍 끝내 주면 더 좋다. (청중의 시간도 중요하다. 청중의 시간을 존중하라.)
3. 반드시 피드백하라. 청중과 교육 담당자의 사소한 말도 새겨들어라. (강의 그만하고 싶으면 피드백 안 해도 된다.)
4. 자신의 모습을 체크하라. (언제 어디서든 프로 강사답게!)
5. 품격을 지켜라. 언어의 품격, 태도의 품격. (강사는 보여지는 직업이다. 늘 말조심, 행동 조심!)
6. 나만의 시간을 반드시 가져라. (여행, 취미 등 나를 잃지 않을 나만의 것을 해라. 슬럼프에서 나를 구할 수 있다.)
7. 반드시 휴식하라. 몸과 마음을 건강하게 유지하라. (재충전은 새로운 시작이다. 쉴 때는 아무것도 하지 말고 오로지 쉬기만 해라.)

에필로그

시작한 일이 기대했던 것과는 다르게 잘 안될 수 있다. 그러나 내가 한 선택에는 고민과 소망과 믿음이 있다. 어쩌면 긴 여정이 될 수 있는 나의 '선택'. 그 여정을 어떤 자세로, 어떤 마음으로 걸어가느냐에 따라 그 끝에 이르렀을 때의 모습은 상상과 다르다.

300년 전 알프스의 가문비나무 군락에서는 갑작스러운 추위로 나무의 나이테가 촘촘해지는 기현상이 생겼다. 그 나무를 베어 만든 바이올린은 아무리 넓은 연주회장에서도 무한히 울려 퍼지는 천상의 악기로 정평이 나 있다. 몸값은 경매가 170억 원을 호가할 정도다. 가문비나무의 유일한 성장 요소는 매섭고 혹독한 추위 속에서 언제 죽을지 모르는 공포와 두려움이었을지 모른다. 공포와 두려움이 집념이 되어 나이테를 더욱 촘촘하게 해 무한한 울림을 내는 악기로 재탄생된 것이다.

앙스트블뤼테(Angstblute). 앙스트는 공포와 불안을, 블뤼테는 만발, 개화를 뜻한다. '불안 속에 피는 꽃'이다. 혹독한 추위 속에서 가문비나무가 무한한 울림을 피워 낸 것처럼 베토벤은 청각장애가 가장 극심했을 때 전원 교향곡을 탄생시켰다. 작곡가에게 듣지 못하는 것보다 더 가혹한 게 있을까. 듣지 못하는 위기와 절망, 참담함과 고통 속에서 그는 명곡 〈전원 교향곡〉을 피워 냈다. 앙스트블뤼테, 불안과 공포 속에서 피어난 명곡. 〈전원 교향곡〉은 음에 의한 묘사가 아닌 감정을 표현한다는 점에서 베토벤 교향곡 중에서도 화룡점정이라고 평가된다.

나는 '앙스트블뤼테' 하면 국민 MC 유재석이 떠오른다. 대한민국의 코미디언이자 MC, 그리고 방송인인 그는 1991년 KBS 공채 개그맨 7기로 데뷔했다. 그러나 곧이어 겪게 된 9년의 무명 생활. 유재석은 이런 말을 했다.

"나 스스로 괜찮다고 위로하고 내가 하고 싶은 일이 있으니까 하며 다독여 봐도 나와 비슷한 시기에 비슷한 상황에서 출발한 주변 사람들이 나와 격차가 벌어지는 것을 느낄 때에는 흔들리지 않을 수 없다. 아무리 내 꿈과 목표가 확고하더라도 그걸 견디기는 쉽지 않다."

흔들릴 때 그는 어떤 모습으로 견뎠을까. 한 방송 프로그램에서 그가 한 말이다.

"항상 겸손하고 항상 지금 이 모습 그대로 노력하고 솔직하고 성실하고 그런 모습 보여 드리기 위해서 열심히 노력하겠습니다."

子曰 君子는 固窮이니 小人은 窮斯濫矣니라.
자왈 군자는 고궁이니 소인은 궁사람이니라.

- 《논어》 위령공 -

군자는 궁하고 어려운 상황 속에서도 스스로 심지가 더욱 단단해지나 소인은 외람스러워져 마구 행동하여 잘못을 저지르게 된다는 것이다. 삶의 고난과 시련 앞에서 모든 사람이 앙스트블뤼테를 추구하는 것은 아니다.

그리고 점점 자주 들리는 그의 목소리. 어느새 주말 저녁 시간을 책임지며 최선을 다하는 모습으로 뭉클한 감동을 안겨 주는 따스한 사람 유재석. 대한민국 방송계 역사에 전무후무한 역대 최다 대상 수상자로 12년 연속 수상 기록, 총 20회 수상으로 트리플 크라운 및 그랜드 슬램을 기록하였다.

"지금까지 그래 왔듯 열심히 제 앞에 놓인 일을 하면서 한 주 한 주 살아가겠습니다. 제 스스로에게 그런 얘기를 가끔 하거든요. 정말 잘 견뎠고 잘 버텼고. 저 스스로도 열심히 노력했습니다만 주변 동료들과 제작진이 없었다면 저는 진짜 오늘 이 자리에 없었을 수도 있죠."

그는 지금도 겸손한 자세로 시청자와 함께하는 이들을 존중하며 더욱 단단해지고 있다. 작은 차이가 성실한 꾸준함을 만나면 습관이 되고 거대한 성과의 차이로 보답된다. 큰 목표를 이뤄 내기 위해서는 작은 습관의 차이가 중요하다. 성공과 그렇지 않음의 차이는 생각의 차이가 아니다. 생각을 행동으로 옮기는 실천의 차이다.

꽃은 피고 지고를 반복하며 우리에게 영원한 봄으로 기억된다. 혼신의 힘을 다해 활짝 핀 다음엔 다시 필 그다음을 준비한다. 온몸에

물을 빼고 꽃잎을 떨어트려 또다시 혼신의 힘을 다해 씨앗을 맺는다. 그렇게 응축된 씨앗의 힘으로 혹독한 추위를 견뎌 이듬해 다시 싹을 틔운다. 꽃을 피우기 위한 준비는 활짝 핀 최고의 순간부터 시작된다. 당신이 지금 힘들다면, 힘들지만 꽃 피울 수 있는 기회이기도 하다. 그리고 힘들었던 시간을 견딘 나만의 방법으로 두 번째 꽃을 피울 수 있다.

 이 시대를 살아가면서, 한 해 한 해 나이 들어 가면서 수많은 새로움을 어떻게 받아들이고 생각하느냐에 따라 숨 쉬는 이 순간의 의미가 달라진다. 가장 중요한 건, 그 모든 것이 나에게 달려 있다는 것이다. 그리고 반드시 내 타이밍이 온다.

👍 가장 기억에 남는 강의

"좋은 엄마 되 해 주셔서 고맙습니다."

5회기로 진행되는 부모교육 시간, 강의가 시작되고 조금 지났을 무렵 뒷문이 조용히 열렸다. 강의장을 들어오는 그분의 모습에서 한 눈에 알 수 있었다. 폭력이 있었다는 것을. 지속적인 폭력은 사람의 얼굴을 변형시킨다. 그분은 강의장 맨 뒤에 앉아 조용히 강의를 들었다. 강의가 끝나고 모두가 떠난 강의장에 홀로 진지한 표정으로 앉아 계셨다.

"강사님 저도 좋은 엄마가 될 수 있나요?"

그분의 목소리는 떨렸고 얼굴은 한껏 상기되어 있었다.

"네, 그럼요. 당연히요."

"어떻게 하면 되나요?"

표정에서 각오 비슷한 것이 묻어 나왔다.

"네, 아까 강의 정말 열심히 들으시는 거 봤습니다. 오늘 강의 중에 실습해 보라고 말씀드린 것 기억하세요? 한 주 동안 실천하다 보면 아마 아이가 조금씩 변하는 게 느껴질 겁니다."

그리고 두 번째 시간, 맨 앞자리에 앉은 그분은 열심히 메모를 하셨고 세 번째 시간에는 그분의 웃는 얼굴을 볼 수 있었다. 네 번째 시간, 자신의 이야기를 담담하게 꺼내 놓으셨다. 그리고 마지막 시간, 자신의 아이가 나를 만나고 싶어 한다는 말과 함께 밖에서 기다리고 있던 딸아이를 소개해 주셨다.

분홍색 원피스가 잘 어울리는 아이는 6, 7살 정도로 보였다. 아이는 수줍게 나를 슬쩍 보더니 종이 가방 하나를 건넸다. 키를 낮춰 아이와 눈을 맞췄다.

"안녕하세요, 예쁜 아가씨? 선생님 주는 거예요?"

말없이 고개를 끄덕였다. 그리곤 수줍게 슬며시 내 손을 잡았다. 그렇게 내 손을 잡고 아이가 내게 한 말.

"고맙습니다."

"아이가 선생님을 정말 많이 궁금해했어요. 백 원, 이백 원 용돈 받은 돈을 모아서 제 딴에는 제일 비싸고 고급스러운 걸 산 거예요. 선생님 드린다고요. 받으세요."

잡은 아이의 작은 손에서 나는 무엇을 느꼈을까? 나도 모르게 가슴에서 뭔가 뜨거운 게 올라왔다.

분홍색 색종이를 펼치니 '좋은 엄마 되 해 주셔서 감사합니다'라는 글과 함께 내가 공주처럼 그려져 있었다. 그리고 정말 고급스러운 과자도 있었다. 한 번도 보지 못한 내가 아이에게는 공주처럼 느껴졌나 보다. 엄마가 공부하러 가는데 갔다 오면 좋은 엄마가 되어서 오니, 좋은 엄마 되게 해 준 나에게 고마운 마음을 전하고 싶었나

보다. 아이가 꾹꾹 눌러쓴 편지를 보면서 나도 모르게 뜨거운 눈물이 흘렀고 눈물이 쉬이 멈추지 않았다. 그날, 나는 정말 좋은 강사가 되겠다고 다짐하고 다짐했다. 생초짜 새내기 강사 시절 내가 만났던 작고 여린 아이는 나를 더 좋은 강사가 되겠다고 다짐하게 했다.

  내 손을 잡던 아이의 작은 손과 수줍게 나를 바라보던 아이의 눈빛. 작고 소중한 아이가 온몸으로 나에게 전한 그날의 메시지를 가슴 깊이 새겼다. 그리고 그날 이후 나는 나 자신과 콘텐츠를 더욱 갈고 닦았다. 더 좋은 강사가 꼭 되고 싶었다. 2010년 초보 강사로 지역의 작은 도서관에서 강의하던 나는 그 작은 아이 덕분에 더 많은 곳에서 더 많은 사람들에게 더 큰 영향력을 주는 강사로 성장할 수 있었다.

  그날 그 작고 여린 아이가 내 손을 잡았을 때의 감촉, 나를 수줍게 바라보던 눈빛이 지금도 생생하다. 지금은 20대의 초반을 살고 있을 그 아이가 더 좋은 세상에서 살아갈 수 있었으면 좋겠다. 그리고 나는 오늘도 강사로서 나를 갈고닦는다. 더 좋은 세상을 위해 노력하는 어른이 되겠다는 다짐과 함께 고맙고 감사한 마음을 내 손을 잡아 준 아이에게 전하고 싶다.

🔍 한눈에 보는 베테랑 강사의 강의 A to Z

1. 사전 질문지 보내기(청중 분석과 니즈 파악)

✅ 교육 담당자에게 보내는 사전 질문지

	단체명 및 주제	○○건설/스트레스&커뮤니케이션
1	최종인원/연령대/성비/근속연수	
2	직급/주요 업무 내용	
3	교육을 계획한 배경, 이유	
4	최근 조직 내 변화, 조직원들이 겪고 있는 어려움, 스트레스 등	
5	교육에 바라는 점 (교육생의 기대 사항, 니즈 등)	
6	교육장 환경	
7	주의할 점 및 특이사항	

✅ 교육 담당자에게 받은 사전 질문지

〈만족도 높은 강의를 위한 사전 질문지〉

	단체명 및 주제	포**** 중간 관리자의 리더십을 위한 감정 관리와 소통 대화법
1	최종인원/연령대/성비/근속연수	25명/40대 이상/전원 남성/1년~30년 (대체로 5년 이상)
2	직급/주요 업무 내용	- 직급: 팀장/실장 및 본부장(임원 포함)/대표이사 - 주요 업무 내용: 선박관리업 (선원 관리, 선박 관리)
3	교육을 계획한 배경, 이유	- 하기와 같은 상황 발생으로 팀장 이상 직원의 리더십 교육 필요성 대두
4	최근 조직 내 변화, 조직원들이 겪고 있는 어려움, 스트레스 등	- 신규 직원의 유입(3년 이내 입사자 4~50%) 증가 - 입/퇴사자 증가로 조직 내 분위기 저해
5	교육에 바라는 점 (교육생의 기대 사항, 니즈 등)	- 중간관리자가 일반 직원과 경영진 간의 가교 역할을 수행할 수 있었으면 좋겠음 - 젊은 직원들에 대한 이해도 향상, 이를 통한 리더십 강화
6	교육장 환경	- 작은 강당으로, 40명가량 수용 가능, 강의를 위한 장치는 구비되어 있음
7	주의할 점 및 특이사항	
8	기타	- 스트레스 자가검사 등 가능

2. 강의 목표 정하기(청중 분석과 니즈 파악)

수집한 내용을 정리하고 핵심 키워드로 목표를 설정한다.

1. 청중이 원하는 것, 어려워하는 것, 힘들어하는 것은?
   → 나 이게 어려워, 이게 힘들어, 이걸 원해.
2. 강의를 통해 얻고자 하는 것은?
   → 이게 저렇게 되면 너무 좋겠어.
3. 내가 줄 수 있는 솔루션은?
   → 요걸로 이걸 저렇게 할 수 있어.
4. 핵심 키워드
   → 이게 문제고, 이게 답이군.

3. 강의 기획서 작성하기(뼈대 잡기)

☑ 뼈대 잡기, 강의 기획서 구조 내용

청중/시간		1. 청중은 강의를 준비할 때 가장 1순위로 고려해야 할 대상. 2. 집중이 어려운 오전 첫 시간, 잠이 몰려오는 점심시간 이후일 경우 스팟 또는 아이스 브레이킹을 염두.		
핵심 니즈		강의 내용의 핵심이며, 강사는 강의를 통해 이 니즈를 해결 또는 해소해 줄 수 있는 구체적인 솔루션을 제시.		
주제		강의 핵심 내용이 들어가 있게 쉽고 구체적으로 쓰기. (나만 알아볼 수 있으면 OK) 강의 준비에 길을 잃지 않도록 될 수 있으면 나만의 언어로 풀어서 쓰기.		
목표		사측에서 원하는 니즈 + 강사가 줄 수 있는 솔루션		
제목		핵심 내용 + 함축적 + 강의 기대감		
A	도입	문제 제기	What: 이게 문제다.	
			Why: 이래서 문제다.	
B	내용	해결 방법	How to 1: 첫 번째 해결 방법으로 이걸 제시한다.	
			How to 2: 두 번째 해결 방법은 이거고,	
			How to 3: 세 번째 해결 방법은 이거다.	
A′	마무리	문제 해결	내용 정리: 그러니까 지금까지 무슨 얘길 했냐면,	
			제안: 그러니 이렇게 하면 그게 해결될 수 있다.	

✅ 뼈대 잡기, 강의 기획서 구조 예시

청중/시간			4~50대 직장인/점심 식사 이후 1시 ~ 2시 30분(90분)	
핵심 니즈			동료 간 상처 주지 않고 소통하기	
주제			갈등 관리, 관계 향상, 대화법	
목표			- 자신의 대화 스타일을 체크할 수 있다. - 소통 대화법을 실생활에서 사용하며 갈등을 예방하고 관계를 향상할 수 있다.	
제목			말이 통해야 일이 통한다, 직장인을 위한 유쾌한 소통 대화법	
A	도입	문제 제기	아이스 브레이킹	5″
			직장 내 갈등의 원인과 관계가 악화되는 이유와 단계	10″
B	내용	해결 방법	대화법을 바꾸면 갈등이 예방되고 관계가 향상된다.	5″
			플러스 대화법 1	5″
			구체적 사례/실습	8″
			플러스 대화법 2	5″
			구체적 사례/실습	8″
			마이너스 대화법 1	5″
			구체적 사례/실습	8″
			마이너스 대화법 2	5″
			구체적 사례/실습	8″
			상호 호감, 존중, 감사, 배려 실천하기 & 조직 문화로 가져가기	5″
A′	마무리	문제 해결	갈등을 예방하고 관계를 향상하는 플러스 대화와 마이너스 대화	5″
			가까운 관계에서 대화법 1부터 시작해 보기	3″

ppt 뼈대 잡기

강사소개	아이스브레이킹	스트레스 원인
스트레스 영향	스트레스 체크	스트레스 관리
스트레스와 감정·긍정성	마무리 내용 정리	Q&A / 만족도 설문

4. 강의 ppt 구성하기(살 붙이기)

1) ppt 첫 3장은 강의 확정 내용, 사전 설문지, 강의 기획서로 구성한다.
→ 강의를 길을 잃지 않도록 강의 준비를 하면서 자주 보고 참고하도록 한다.
2) 제목, 주제 및 목표, 강사 소개, Q&A, 만족도 설문 슬라이드를 만든다.
3) 강의 기획서를 참고하여 전체 강의 내용을 5~6개의 소주제로 구성한다.
4) 각 소주제에서 전달하려는 핵심 메시지를 2~3개로 구성한다.
5) 핵심 메시지를 뒷받침할 에피소드 및 사례를 구성한다.

#강의 ppt 구성 첫 3장은 이렇게

☑ ppt 첫 번째 장 – 사전 조율 및 강의 확정 내용 삽입

〈○○건설 커뮤니케이션 강연〉
==
■ 회사명: ○○건설
■ 일　정: 2025년 03월 21일(금) 10:30~12:30(2H)
■ 대　상: 임직원 30명
■ 장　소: 서울 강남 / 사내 교육장
■ 주　제: 조직 예절 및 커뮤니케이션(소통) 방법
■ 강의료: ○○만 원
==
▶ 준비물 – A4용지 1인 1장, 필기구

✅ ppt 두 번째 장 - 청중 분석과 니즈 파악 내용 삽입

〈교육 담당자에게 받은 사전 질문지〉

	단체명 및 주제	○○건설
1	최종인원/연령대/성비/근속연수	28명/4~50대/모두 남성/10~20년
2	직급 / 주요 업무 내용	팀원 관리, 건설 관련 전체적인 업무 진행
3	교육을 계획한 배경, 이유	남자들만 있다 보니 다소 언행이 거칠어 새로 들어온 직원들, 젊은 직원들은 상처를 받거나 상사와 갈등이 생기는 경우가 있음.
4	최근 조직 내 변화	없음.
5	조직원들의 스트레스 요인	업무적으로는 스트레스가 크게 없으나 관계에서 소통이 어려워 스트레스를 받음. 지방근무 시 가족과 장시간 떨어져 있는 것이 스트레스.
6	교육에 바라는 점	상호 존중하고 이해하며 갈등을 완화하는 대화를 할 수 있기를.
7	주의할 점 및 특이사항	모두 남성. 다소 거친 언어 사용. 강의 시 호응이 적거나 없을 수 있음.

✅ ppt 세 번째 장 – 강의 전체 구조 삽입

〈뼈대 잡기, 강의 기획서 구조〉

청중/시간			
핵심 니즈			
주제			
목표			
제목			
A	도입	문제 제기	What
			Why
B	내용	해결 방법	How to 1
			How to 2
			How to 3
A´	마무리	문제 해결	내용 정리
			제안

✅ 예시

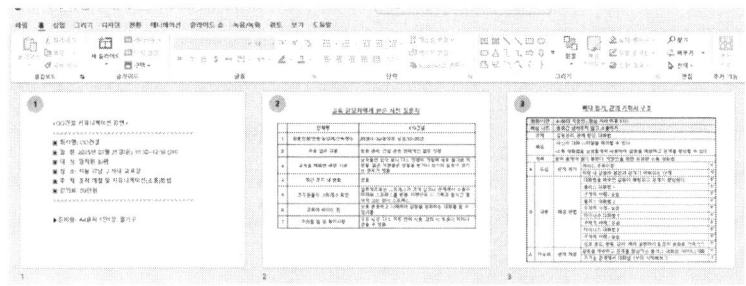

ppt 살붙이기

강사소개	아이스브레이킹	스트레스 원인	핵심내용 1 에피소드 및 사례
핵심내용 2 에피소드 및 사례	핵심내용 3 에피소드 및 사례	스트레스 영향	핵심내용 1 에피소드 및 사례
핵심내용 2 에피소드 및 사례	핵심내용 3 에피소드 및 사례	스트레스 체크	핵심내용 1 에피소드 및 사례
핵심내용 2 에피소드 및 사례	스트레스 관리	핵심내용 1 에피소드 및 사례	핵심내용 2 에피소드 및 사례
스트레스와 감정·긍정성	핵심내용 3 에피소드 및 사례	마무리 내용 정리	Q&A / 만족도 설문

(한 세트 = 소주제 + 핵심메시지 + 에피소드 및 사례) × 5
= 90분 특강